SEY
CHEL
LE
INSIDER-TIPP
Deine Abkürzung ins Erleben!
Reisen mit MARCO POLO Insider-Tipps

MARCO POLO TOP-HIGHLIGHTS

SIR SELWYN SELWYN CLARKE MARKET ★1
Das Herz der Hauptstadt Victoria: farbenprächtige Früchte, schillernde Fische, exotische Gewürze, kreolische Lebensfreude!

Tipp: Den besten Überblick hast du von der Empore im 1. Stock der Markthalle

➤ S. 43, Mahé

MORNE-SEYCHELLOIS-NATIONALPARK ★2
Wandern in der Bergwelt Mahés durch exotische Vegetation hinauf auf die Granitgipfel (Foto)

Tipp: Vom Plateau der Copolia bietet sich dir ein spektakulärer Panoramablick

➤ S.48, Mahé

LA PLAINE ST. ANDRÉ ★3
Eine alte Plantage, ein Gutssitz und eine Rumdestillerie – eine Führung mit Verkostung versetzt in die Kolonialzeit

➤ S. 51, Mahé

JARDIN DU ROI ★4
Alte Palmen, riesige Bambusstauden, Tropengehölze und Gewürzpflanzen in Südmahé – ideal für kleine Wanderungen

Tipp: Ein schönes Panorama mit Pflanzerhaus, Tropenvegetation und Küste zeigt sich von der Terrasse des Gartenbistros

➤ S. 53, Mahé

ANSE INTENDANCE ★5
Für viele der schönste Strand Mahés! Ein Kilometer purer Tropenkitsch mit weißestem Sand und türkisfarbener Brandung

Tipp: Postkartenmotive mit Meer, Granit und Palmen bekommst du von den umliegenden Hügeln aus

➤ S. 55, Mahé

VALLÉE DE MAI 6

Nationalpark der Superlative auf Praslin, allein schon wegen der sagenumwobenen Coco de Mer, der größten Nuss der Welt. Jurassic-Park-Atmosphäre garantiert!

Tipp: Gleich am Eingang liegen einige der pflanzlichen Rekordhalter, die ihre Ausmaße so richtig deutlich machen

➤ S. 65, Praslin & La Digue

ANSE LAZIO 7

Einer der besten Strände für einen entspannten Tag am Meer – baden, strandwandern und kulinarische Köstlichkeiten auf Praslin

➤ S. 67, Praslin & La Digue

L'UNION ESTATE 8

Wie ein großes Freilichtmuseum erzählen Kokos- und Vanilleplantagen, Ölmühle, Bootswerft und ein alter Friedhof vom ursprünglichen Leben auf den Seychellen

➤ S. 73, Praslin & La Digue

ANSE SOURCE D'ARGENT 9

Der paradiesischste Strand der Seychellen! Bizarre Felsen, schneeweiße Buchten, kristallklares Wasser, satte Tropenvegetation. Idyllischer als hier auf La Digue geht's nimmer!

Tipp: Das perfekte Fotolicht gibt's am frühen Morgen – vor allem, wenn du bis ans hintere Ende der Bucht läufst

➤ S. 74, Praslin & La Digue

VOGELKOLONIE BIRD ISLAND 10

Einsame Koralleninsel mit viel Wildlife in Form von Millionen von Vögeln und einer atemberaubenden Unterwasserwelt

➤ S. 89, Bird & Denis

INHALT

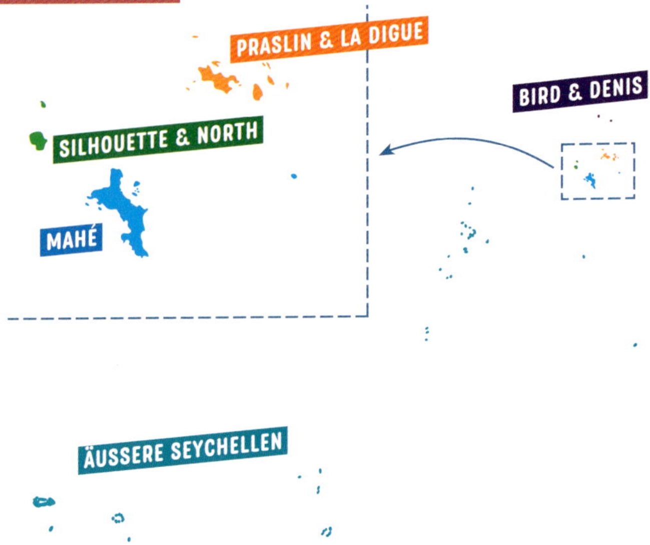
PRASLIN & LA DIGUE
BIRD & DENIS
SILHOUETTE & NORTH
MAHÉ
ÄUSSERE SEYCHELLEN

MARCO POLO TOP-HIGHLIGHTS

DAS BESTE ZUERST

SO TICKEN DIE SEY CHELLEN

ESSEN, SHOPPEN, SPORT

MARCO POLO REGIONEN

ERLEBNISTOUREN

GUT ZU WISSEN

Besuch planen
€-€€€ Preiskategorien
(*) Kostenpflichtige Telefonnummer
Essen/Trinken
Shoppen
Ausgehen
Top-Strände

(A2) Herausnehmbare Faltkarte
(0) Außerhalb des Faltkartenausschnitts

BESSER PLANEN MEHR ERLEBEN!

Digitale Extras
go.marcopolo.de/app/sey

DAS BESTE ZUERST

Mehr Traumstrand geht nicht: Anse Lazio auf Praslin

BLÄTTERRAUSCHEN

Nichts ist aufregender als ein Spaziergang durch das *Vallée de Mai,* wenn es regnet. Keine Sorge, allzu nass wird man nicht: Riesige Coco-de-Mer-Palmen bilden ein natürliches Dach; dazu das Prasseln der Tropfen und das Rauschen der Palmen als Geräuschkulisse. Und: Bei schlechtem Wetter sind deutlich weniger Touristen auf Achse.

➤ S. 65, Praslin & La Digue

BETÖRENDE DÜFTE

Im Regen riecht alles noch intensiver! Die kleine Manufaktur *Kreolfleurage* entführt mit exotischen Parfümkreationen in die Duftwelt der Tropen. Dagmar und Daniel erklären, wie die Essenzen entstehen.

➤ S. 50, Mahé

RELAXXX!

„Relaxxx" ist eines dieser seychellischen Zauberwörter. Daher die Devise: Tu dir an Regentagen was Gutes! Große Hotels haben ohnehin umfangreiche Wellnessangebote (Foto). Und wer im Guesthouse wohnt, kann sich z. B. im *Day at the Spa* in Victoria verwöhnen lassen.

➤ S. 46, Mahé

TROCKEN SHOPPEN

Das *Eden Plaza* ist eine überdachte Shopping Mall vom Feinsten. Sie liegt auf Eden Island, dem Refugium der Schönen und Reichen mit edler Jachtclub-Atmosphäre. Das Gute: kein Fußweg durch den Regen, sondern mit dem Mietwagen in die Tiefgarage.

➤ S. 47, Mahé

TROPENNATUR GEPINSELT

Dem bekannten Maler Michael Adams in seinem Atelier einen Besuch abstatten – das hat was! Seine farbintensiven Aquarelle feiern die Schönheit der Inseln und verströmen auch an grauen Tagen pure Lebensfreude.

➤ S. 57, Mahé

EIN BLAUES WUNDER ERLEBEN

Lust auf eine Inselrundfahrt? Dann ab zur nächsten Haltestelle und rein in den blauen *Tata-Bus!* Schon die oft halsbrecherische Fahrweise ist ein Abenteuer. Nur 12 SCR (ca. 80 Cent) kostet es von Stopp zu Stopp. Ohne Ziel Mahé und Praslin zu erkunden verspricht kreolische Lebensart pur!

➤ S. 118, Gut zu wissen

TAKE AWAY

Seychellisches Streetfood, das an kleinen Verkaufsständen und von Food Trucks angeboten wird, ist kein 08/15-Fastfood. Man wird nicht nur satt, sondern lernt die typisch tropischen Aromen kennen – und das für nicht mehr als 7 Euro pro Gericht!

➤ S. 28, Essen & Trinken

DEM HIMMEL SO NAH

Verweilen an magischen Orten! Vor allem in der kleinen *Kathedrale von Baie Lazare* (Mahé) lohnt es, sich von wunderschönen Gesängen verzaubern zu lassen. Die Karfreitagsprozession in Anse Boileau (Mahé) oder Mariä Himmelfahrt auf La Digue sind „himmlische" Highlights.

SOUVENIRS, FAST GESCHENKT

Es muss nicht immer die teure Coco de Mer sein. Originell und billig sind die typisch seychellischen *Reisigbesen,* die nicht nur gut kehren, sondern exotische Deko sind. Wer happy werden will, sammelt die roten Samenperlen vom *Lagati* – dem Sandelholzbaum. Sie gelten als Glücksbringer.

➤ S. 31, Shoppen & Stöbern

GABEN DER NATUR

Obststände am Straßenrand (Foto), Kokosnüsse vom Baum, Zitronelle aus dem Gebüsch, Zimtblätter direkt vom Baum ... Besonders empfehlenswert sind die kleinen, preiswerten Märkte im Süden, z. B. an der Anse Royale.

➤ S. 52, Mahé

BEST OF

MIT KINDERN

SPANNENDES FÜR GROSS & KLEIN

SCHILDKRÖTEN STREICHELN

Tiere gehen immer! Vor allem Schildkröten lassen das Herz der Kleinen höher schlagen. Auf Curieuse sind die Riesenexemplare in freier Wildbahn unterwegs – anfassen ist sogar erlaubt! Nur anschauen geht auch, und zwar im *L'Union Estate* auf La Digue.

➤ S. 70, 73, Praslin & La Digue

MEERESSCHAUFENSTER

Wenn die Kids noch nicht groß genug sind, um schnorcheln zu gehen, sind Törns mit dem Glasbodenboot eine spannende Alternative. Touren durch den *Sainte Anne Marine National Park* werden gern kombiniert mit einem rustikalen Strandbarbecue.

➤ S. 43, Mahé

NATURKUNDE MAL ANDERS

Der Biounterricht ist langweilig? Dann raus in die Natur, um z. B. zu sehen, woraus Schokolade gemacht wird. Kakaopflanzen und andere wilde Gewächse gibt's im *Jardin du Roi* zu sehen – vielleicht ist gerade ein Einheimischer in der Nähe, der zeigt, wie einfach es ist, eine Kokosnuss zu öffnen, wenn man die Tricks draufhat.

➤ S. 53, Mahé

KÜHLE BELOHNUNG

Den Stadtbummel könnt ihr euren Kindern mit der Aussicht auf ein Eis versüßen. In Victoria gibt's das beste Gefrorene im *Café Dolce Vita*. Immer mal wieder im Angebot: das quietschblaue *smurf ice* (Schlumpf-Eis).

➤ S. 43, Mahé

PLANSCHEN & BUDDELN

Die Strände – ein Paradies! Doch nicht alle sind für Kinder geeignet. Flach und ohne gefährliche Brandung sind auf Mahé z. B. Beau Vallon, Anse à la Mouche, Anse Royale oder Port Glaud/Port Launey, auf La Digue die Anse Source d'Argent, auf Praslin Grand' Anse, Côte d'Or und Anse Cimetière.

TIERE HAUTNAH

Zu Land, zu Wasser und in der Luft – die Seychellen sind tierisch schön! Riesenschildkröten wie aus einer anderen Welt, Wasserschildkröten als Bade- und Tauchgenossen und Flughunde, die abends durch die Lüfte gleiten und in den Bäumen abhängen – wenn sie nicht gerade als Curry auf dem Teller landen …

SPRACHLICH MULTIKULTI

Englisch, Französisch und die Muttersprache Kreol – alle drei sind als offizielle Amtssprachen auf den Seychellen gleichberechtigt. Also nicht wundern, wenn in die übliche englische Konversation immer auch mal kreolische Brocken oder französische Vokabeln einfließen.

HARTE NUSS

So viel Aufhebens um den größten Samen der Welt! Doch das ist berechtigt, denn die poförmige *Coco de Mer,* die bis zu 20 kg schwer werden kann, wächst nur auf den Seychellen (Foto).
➤ S. 30, Shoppen & Stöbern

POSTKARTENSTRÄNDE

Grauer Fels, gepaart mit grünen Palmen und allerfeinstem weißem Puderzuckerstrand – das sind die klassischen Zutaten für die Traumstrände der Seychellen. Und davor liegen Korallenriffe, die Schnorchler und Taucher beeindrucken. Der Klassiker: die *Anse Source d'Argent* auf La Digue.
➤ S. 74, Praslin & La Digue

DER SOUND DER TROPEN

Die Inseln klingen einfach anders: exotisch! Der schnelle Seychellen-Rhythmus Sega und die mystische Moutia wechseln sich ab mit Reggae und Rap. Zu erleben in den Bars von Victoria und Eden Island, sonntags mit den Einheimischen am Strand und traditionell beim Festival Kreol.
➤ S. 119, Feste & Events

SO TICKEN DIE SEYCHELLEN

Wo ist vorne, wo ist hinten? Riesenschildkröte auf La Digue

ENTDECKE DIE SEYCHELLEN

Grenzenloses Strand- und Badevergnügen auf La Digue

Finis coronat opus: „Das Ende krönt das Werk", so steht es auf dem Staatswappen der Seychellen. Und tatsächlich – es scheint, als wäre ganz zum Schluss der göttlichen Schöpfung ein Masterpiece entstanden: die 115 Inseln des seychellischen Archipels, jede einzelne wie ein Mosaikstein im Meer, jede einzelne ein Kunstwerk aus Sand, Granit und Palmen.

ZAUBERHAFTES AUS SAND UND STEIN

Die Seychellen haben etwas Magisches an sich, nicht zuletzt deswegen, weil ihre Entstehungsgeschichte ein wenig geheimnisvoll klingt. Der Urkontinent Gondwana, der einst Afrika, Asien und Europa umfasste, soll der Vater des Archipels sein: Als er vor Millionen Jahren zerbrach und die einzelnen Kontinente ihre neuen Positionen suchten, entstanden dabei mehr oder weniger als Abfallpro-

Um 800 n. Chr.
Arabische Seeleute sichten die Seychellen

1502/03
Vasco da Gama stößt zufällig auf die Inselgruppe

1770
Französische Pflanzer siedeln vor Mahé auf Sainte Anne

1794–1811
Kolonialstreit zwischen Engländern und Franzosen; die Seychellen fallen an die Briten

1835
Die Sklaverei wird abgeschafft

1964
Gründung der Seychelles Democratic Party (SDP, rechts) und der Seychelles People's United Party (SPUP, links)

dukte die Seychellen. Zeuge dieser ungewöhnlichen Inselgeburt sind die sogenannten „Inneren Inseln" – insgesamt 32, darunter Mahé, Praslin und La Digue mit den benachbarten Eilanden. Aber sind die nicht bekannt wegen ihrer zauberhaften Sandstrände? Ja, gewiss, und dennoch sind sie nicht auf Sand gebaut. Sie sind nämlich die Gipfel des Mahé-Plateaus, was nichts weiter ist als ein Gebirge unter Wasser. Seine höchste Erhebung ist zugleich der höchste Berg der Seychellen, der mit seinen 905 m (über dem Meeresspiegel) Mahé überragt. Viel weiter draußen beißt man aber nicht mehr auf Granit. Dort schlängelt sich ein Basaltmassiv durch die Meerestiefen, auf dessen Rücken es sich die sehr kleinen „Äußeren Inseln" bequem gemacht haben. Platt wie Pfannkuchen liegen sie mit ihren Puderzuckerstränden nur wenige Meter über dem Wasserspiegel. Sie und ihre großen Schwestern ergeben zusammengenommen eine Landmasse von knapp 500 km² – verschwindend gering im Verhältnis zu den ca. 430 000 km² Hoheitsgewässer, die sie umgeben. Damit ist das seychellische Staatsgebiet deutlich größer als das von Deutschland (357 000 km²)!

BUNTES PARADIES AUF ERDEN

Die Seychellen treiben es bunt: Das selbstverständliche Blau des Meeres und des Himmels, zig unterschiedliche Schattierungen von Grün, dazwischen jede Menge knallige Blüten, Obst in leuchtenden Farben und prächtig schillernde Fische! Genau diese Kombination war es, die bereits 1609 die Gerüchteküche

1976 Die Seychellen werden unter Präsident James Mancham (SDP) unabhängig

1977 France-Albert René (SPUP) putscht sich an die Macht

1993 Erste Mehrparteienwahl nach dem Staatsstreich; René siegt und wird 2004 von James A. Michel abgelöst

2020 Machtübergabe an die Opposition; Wavel Ramkalawan wird neuer Präsident

2023 Die Seychellen erheben eine Tourismusabgabe, die Umweltschutzmaßnahmen finanzieren soll anheizte – der irdische Garten Eden war endlich gefunden: Zwei Schiffe der englischen East India Company ankerten vor der damals noch als „Sieben Brüder" bzw. „Sieben Schwestern" bekannten Inselgruppe, und ihre Besatzungen kamen aus dem Staunen nicht mehr heraus. Der Seemann John Jordain soll die erste authentische Beschreibung der Seychellen geliefert haben und schwärmte vom „tatsächlichen Paradies auf Erden". Dieses Image hält sich hartnäckig und sorgt heute für boomenden Tourismus und steigende Besucherzahlen.

VIELFARBIGES INSELVÖLKCHEN

Es waren dann schließlich die Franzosen, die Profit mit den Inseln machen wollten. Also schickten sie ungefähr ein Dutzend französische Siedler los, die von Mauritius aus zusammen mit ihren afrikanischen Sklaven – darunter eine einzige Frau! – in See stachen, um die Sache aufzuklären. Sie landeten am 27. August 1770 auf der Hauptinsel Mahé. Genauer gesagt, landeten sie vor Mahé im heutigen Wasserschutzgebiet und Nationalpark Sainte Anne und bauten auf der gleichnamigen kleinen Insel ihre erste Plantage. Diese Siedlung wurde die Wiege der seychellischen Nation, die mittlerweile rund 100 000 *seselwa* (frz. Seychellois) zählt, wie die Bewohner der Seychellen in der Landessprache heißen. Unter ihnen herrscht ein buntes Durcheinander, was die Hautfarbe anbelangt. Von Ebenholzschwarz bis Kakaobraun, von Karamell bis Elfenbein. Und ja, es gibt sie tatsächlich: komplett weißhäutige *seselwa,* die Nachfahren der sogenannten Grand Blancs, der „Großen Weißen", wie die mächtigen französischen Plantagenbesitzer genannt werden, die einst auf den Seychellen das Sagen hatten. Sie machten sich natürlich nicht ihre Hände schmutzig, dafür hatten sie ihre Sklaven aus Mozambique, Madagaskar und Guinea. Später kamen noch Arbeiter und Händler aus Indien und China dazu: Ein kreolisches Vielvölkervolk war geboren, das heute für die einzigartige Multikulti-Atmosphäre und den ganz eigenen Charme der Seychellen sorgt.

LEBEN AM MEER

Auf den Seychellen dreht sich das gesamte Leben rund ums Meer – egal, ob es nun am, unter oder auf dem Wasser stattfindet. Strände sind mehr als nur perfekte Badeparadiese, sie sind an den Werktagen Landeplatz für Fischerboote, Umschlagplatz für frisches Meeresgetier, Sport- und Pausenplatz für Schulkinder. Alles in allem: ein buntes tropisches Treiben! Doch es geht auch anders: hier eine einsame Bucht, da ein fast menschenleerer Strand. Entdecker spielen zahlt sich aus! Wer mit dem Leihwagen über Mahé oder Praslin gondelt, wer mit dem Drahtesel auf La Digue nicht nur mit den Touristenmassen mitradelt, findet idyllische Fleckchen zum Schwimmen und Sonnenbaden, zum Strandwandern und Schnorcheln. Etwas tiefer eintauchen gewünscht? Aber gerne doch: Die faszinierende Unterwasserwelt bietet den Liebhabern des Tauchsports Meeresschildkröten, Mantarochen oder gar Walhaie.

AUF EINEN BLICK

CA. 100.000

Einwohner

So viele Einwohner haben in etwa auch Hildesheim oder Gütersloh

240 JAHRE

alt soll Esmeralda sein. Das Schildkrötenmännchen auf Bird Island gilt damit als das weltweit älteste Exemplar seiner Art

20kg

wiegt eine Coco de Mer

Sie ist damit die größte Nuss bzw. der größte Samen der Welt

500km²

Landfläche aller 115 Inseln zusammen

Insgesamt umfasst das Staatsgebiet der Seychellen (mit Wasser) aber 430 000 km²

34.000

Fahrzeuge sind auf den Inseln der Seychellen zugelassen

WÄRMSTER MONAT

APRIL 33°C

BIS ZU 1,50 M

kann die Flügelspannweite eines Seychellen-Flughunds erreichen

EDDY MAILLET

Fußballspieler von den Seychellen haben es bisher noch nicht zu internationalen Ehren gebracht. Aber Eddy Allen Maillet Guyto ist als Fifa-Schiedsrichter im Einsatz, u.a. bei der WM 2010 in Südafrika

VICTORIA

Größte Stadt mit 28.000 Einwohnern; sie ist damit die kleinste Hauptstadt der Welt

UNESCO-WELTERBESTÄTTEN:
Vallée de Mai (La Digue) und das Aldabra-Atoll

HÖCHSTE ERHEBUNG:
MORNE SEYCHELLOIS (MAHÉ), 905 M

DIE SEYCHELLEN VERSTEHEN

RELAXXX!

Das Wichtigste zuerst: Auf den Seychellen gehen die Uhren anders, sie gehen langsamer. Es scheint fast so, als wehe über den Inseln ein steter Hauch von Tropenchloroform, der das gesamte Leben entschleunigt. Die *seselwa* sind niemals wirklich richtig in Eile, Pünktlichkeit ist relativ. Einzige Ausnahme: die Fähre Cat Cocos, die zwischen der Hauptinsel Mahé und Praslin verkehrt. Auf die Minute genau verlässt sie – manchmal sogar einige Minuten früher als im Fahrplan vorgesehen – den Hafen in Victoria. Inselhopping gehört übrigens zum Alltag, viele Pendler verlassen früh mit der ersten Fähre die Hauptinsel, um auf Praslin oder La Digue ihrer Arbeit nachzugehen oder Familienmitglieder zu besuchen. Umgekehrt fahren viele Einheimische der beiden kleineren Inseln nach Mahé, vor allem dann, wenn sie ins Krankenhaus müssen oder ganz banale Dinge wie einen Großeinkauf erledigen, eine Brille kaufen wollen oder Behördengänge zu absolvieren haben. Damit diese Menschenströme einigermaßen geregelt kanalisiert werden, geht es ohne eine gewisse Pünktlichkeit an den Anlegern nicht. Doch ansonsten verläuft der Alltag extrem gelassen – geschieht etwas nicht gleich, dann *maybe tomorrow* – morgen also, und das auch nur vielleicht, vielleicht aber auch gar nicht. Deswegen bitte nicht ungeduldig oder gar unwirsch werden, wenn sich eine lange Schlange vor dem Schalter am Geldautomaten, beim Geldwechseln in der Bank oder vor der Zapfsäule an der Tankstelle gebildet hat oder die Bedienung im Restaurant sich ewig Zeit mit dem Aufnehmen der Bestellung lässt. Faustregel: *Relaxxx* – entspann dich, anstatt zu schimpfen oder dich zu beschweren! Stattdessen: Schalte einfach mal einen Gang runter, denn die Welt dreht sich trotzdem weiter ...

PARTY ZONE

Immer wieder sonntags ... kommt das Leben in Schwung, und zwar am Wasser! Die Strände werden nämlich am Sonntag für die *seselwa* zu einer Verlängerung der eigenen Terrasse oder des Gartens. Gegen halb zwölf vormittags kommen zahlreiche Großraumcabrios, sprich Pick-ups und Leichttransporter, die Ladeflächen vollgepackt mit allen nur möglichen Familienmitgliedern und deren Freunden. Dann geht's zum Strand: Vorneweg stapft meist ein Anführer mit einem laut plärrenden CD-Player auf der Schulter, hinter ihm zwei mal zwei Männer mit jeweils einer Kiste Bier – Eku, Guinness oder hiesiges Seybrew – und einer blauen Plastikwanne voller Eiswürfel. Dann folgen in der Prozession die Frauen mit Kühlboxen und rot-weiß-blau gestreiften Riesentaschen, in denen sich allerhand Proviant verbirgt. Unter dem Arm klemmt oftmals der jüngste

Spross der Familie, gerade ein paar Tage alt. Den würdigen Abschluss bildet ein halb aufgesägtes rostiges Ölfass, das sich darauf freut, mit Holzkohle gefüllt zu werden und als Grill zu dienen. Dieser Tross sucht sich laut lärmend einen möglichst schattigen Platz unter den hohen Takamaka-Bäumen, während bereits der nächste Clan im Anmarsch ist ... Nach einer guten Stunde ist dann der gesamte Strand besiedelt. Die übrigen Badegäste werden freundlich gegrüßt und manchmal sogar in den *dimans borlanmer,* die sonntägliche Strandparty, mit einbezogen. Zur Krönung des Ganzen werden schließlich von einem Pick-up kühlschrankgroße Lautsprecherboxen abgeladen, und dann beginnt die Dauerbeschallung mit Sega-, Rap- und Reggae-Musik. Ein Tipp: Statt dich gestört zu fühlen, lass dich lieber von der tropischen Lebensfreude anstecken. Nichts ist einfacher, als sich freundlich zu den Einheimischen dazuzugesellen. Am besten geht das, indem du den Feierbiestern etwas vom eigenen Proviant anbietest. Wetten, dass du im Gegenzug schnell einen Teller mit seychellischen Leckereien zugeschoben bekommst?

INSIDER-TIPP
Einfach mitfeiern!

Ebenso unumgänglich wie der Strandtag am Sonntag ist die Party in der Nacht davor. Gefeiert wird die ganze Nacht, die erst mit der Morgendämmerung endet. Eigentlich, ja eigentlich gibt es ein Gesetz gegen *noise pollution* (Lärmverschmutzung), das die nächtliche Ruhestörung eindämmen soll. Aber die *seselwa* wären ja

Die Strände werden auch von den Locals ausgiebig genutzt: Picknick auf La Digue

Cerf Island: dezente Bitte um umweltschonendes Verhalten

nicht die *seselwa,* wenn sie nicht einen Weg gefunden hätten, dieses Gesetz auszuhebeln. Die Sache ist ganz einfach: Wer länger laute Musik machen will – und „länger" ist natürlich schon ein dehnbarer Begriff, meint meist aber nach 23 Uhr –, braucht eine Genehmigung. Die bekommt er in der Regel auch bei der zuständigen Polizeiwache, z. B. bis um 1.30 Uhr. Doch warum aufhören, wenn es am schönsten ist? Dann „kauft" man sich eben eine Verlängerung für die Verlängerung, und schwuppdiwupp ist alles wieder wie immer: Musik bis morgens um halb sechs!

UMWELTSCH(M)UTZ

Die Seychellen sind Meister im Ausrufen von Naturschutzgebieten, schließlich ist Naturschutz sogar in der seychellischen Verfassung gesetzlich verankert. Mit einem gewissen und teilweise auch berechtigten Stolz rühmt sich das Umweltministerium, dass ungefähr die Hälfte der seychellischen Landmasse aller 115 Inseln als Naturreservat geschützt sei. Das klingt nach viel, relativiert sich aber bei genauerem Hinschauen, denn die eigentliche Ökodramatik hat ihre Wurzeln ganz woanders – nämlich im mangelnden Umweltbewusstsein der Bevölkerung. Zu viele *seselwa* sind Meister einer ganz besonderen Mülltrennung. Ihr Motto lautet: „Wir trennen uns von unserem Müll sofort – zu jeder Zeit, an jedem Ort!" Obwohl auf vielen Verpackungen zu lesen ist *Gard Sesel prop!* („Haltet die Seychellen sauber!"), landet viel zu viel Müll in der Botanik – seien es die Bonbonpapierchen der Schulkinder, seien es Dosen und Büchsen der Strandpartys, seien es Autoreifen und Fernseher. Müll einfach wegwerfen – das ist ganz normal für viele *seselwa*. Seit Jahrzehnten wissen sie: Die Natur versteckt ihn ja. Kein Wunder bei den schnell wachsenden, großblättrigen Pflanzen – leider funktioniert das nicht immer, z.B. am Strand. Dort offenbart sich, vor allem nach den Wochenenden, ein Schlachtfeld aus Altglas, Plastikflaschen und Fast-Food-Verpackungen, die allerdings – wenigstens etwas – mittlerweile fast ausnahmslos aus Pappe sind.

RADIO BAMBOO

Es gibt wohl keinen Fleck auf dieser Erde, wo die Gerüchteküche so heftig brodelt wie auf den Seychellen. Jeder redet, tuschelt, spottet über jeden und über alles, wer mit wem, oder wer mit wem nicht – alles ist wichtig auf dem Umschlagplatz der Neuigkeiten: Es ist nicht so interessant, ob gerade das Zementschiff mit der neuen Ladung im Hafen angekommen ist, es ist viel wichtiger, welchen Nagellack die Sekretärin im entsprechenden Büro heute trägt. Es ist nicht so interessant, ob die soeben von der Regierung verkündeten neuen Steuererleichterungen zu mehr Wirtschaftswachstum führen, sondern es ist viel wichtiger, wie viel Geld der Inder um die Ecke für die Hochzeit seiner Tochter in Indien ausgegeben hat. Kurzum: Derjenige, der die meisten Insider-Informationen besitzt, ist der King in Sachen Inseltratsch. Urlauber werden gern mit einbezogen, vor allem dann, wenn es um

KLISCHEE KISTE

EITEL SONNENSCHEIN?

365 Tage Sonne im Jahr? Fehlanzeige! Wer glaubt, auf den Seychellen gibt es nur Hitze satt und blauen Himmel, täuscht sich gewaltig. Wolken sind an der Tagesordnung, leichte Schauer und heftige Güsse ebenso. Wie sonst wäre es erklärbar, dass die Inseln so grün sind? Die beeindruckend üppige Tropenvegetation kann schließlich nur gedeihen, wenn es ausreichend regnet, und das tut es auch – übrigens nicht nur zur Regenzeit von Dezember bis März.

DAS PARADIES AUF ERDEN

Es ist längst nicht alles so idyllisch, wie es die Hochglanzbilder der Prospekte vorgaukeln. Auch im Paradies gibt's Probleme und zwar keine kleinen. Die Hitliste führt das Thema Müllentsorgung an. Recycling steckt noch in den Kinderschuhen. Hausmüll muss selbst zu öffentlichen Mülltonnen gebracht werden, da wird der Abfall lieber gleich im Busch entsorgt. Auch krank werden sollte man auf den Seychellen lieber nicht. Zwar gibt es in jeder Bucht ein kleines Lazarett für Notfälle, aber nur ein einziges Krankenhaus in der Hauptstadt. Und auch dort ist die ärztliche Versorgung bestenfalls passabel, vergleichbar mit europäischen Standards ist sie nicht.

Fußball geht (sowohl Bundesliga als auch Champions League stehen hoch im Kurs) oder wenn man sich bei einem gemeinsamen Barbecue über Kochrezepte austauschen kann.

HERZENSANGELEGENHEIT

Der Dreh- und Angelpunkt des Lebens ist die Familie, im Guten wie im Bösen. Zunächst halten die Großeltern, Eltern, Kinder, Enkel zusammen, die Inseln sind schließlich überschaubar klein, und keiner kann dem anderen so recht aus dem Weg gehen. Aber wehe, das Gleichgewicht gerät aus den Fugen, z. B. weil irgendeiner fremdgeht oder ein uneheliches Baby geboren wird – was im Übrigen an der Tagesordnung ist. Was dann zählt, ist das Umfeld. Nicht etwa die unmittelbaren Nachbarn, denen gegenüber ist man eher misstrauisch. Aber da gibt es ja zum Glück noch den *dalon* – den Herzensfreund. Nicht zu verwechseln mit *zanmi,* dem einfachen Freund, dem Kumpel oder gar dem simplen Bekannten. Für den *dalon* geht man durchs Feuer; nicht nur die saftigsten Früchte sind für ihn reserviert oder die morgendliche Mitfahrgelegenheit im Auto, für ihn schwänzt man auch mal die Arbeit, organisiert Babysitting zu ungewöhnlichen Tageszeiten. Und in schweren Zeiten steht man dem *dalon* bedingungslos bei, von Nachtwachen im Krankenhaus bis hin zum Tragen des Sargs bei Beerdigungen.

FRAUENPOWER

Die Frauen auf den Seychellen sind selbstbewusst und charakterstark, mit ausgeprägtem Körperbewusstsein und Schönheitssinn, egal welche Konfektionsgröße sie tragen. Sie geben den Takt vor, ohne sie geht – mit Ausnahme der Männerdomäne Kochen – so gut wie nichts, sie sind der Mittelpunkt der Großfamilie, und sie ziehen nicht nur die eigenen, sondern auch die Kinder der Verwandten mit auf, wenn es sein muss. Arbeiterinnen wirbeln genauso im Straßenbau wie auf den schwer zu bewirtschaftenden Feldern. Frauen entscheiden im Parlament und in den Kirchengemeinden, sie stehen hinter Marktständen oder Bankschaltern. Oder aber sie dienen in der Armee, bei der Flughafen-Security und im Polizeikorps. Das Klischee von der sanftmütigen Inselschönheit mit Blütenkranz im Haar will hier so gar nicht passen ...

GLITZER UND GLAMOUR

Die Inselmode ist ungewohnt bunt – vor allem, wenn es am Wochenende auf den Dancefloor geht. Für die Mädels gibt's dann nur eins: sich aufdonnern. Dabei scheuen sie weder Mühen noch Kosten. Alles wird garniert mit reichlich Pailletten und Strasssteinen, Lurex und Lack. Gefragt ist ein Outfit de luxe. Das gilt – etwas dezenter – auch für den sonntäglichen Kirchgang. Die Frauen wählen nur die auffälligsten Kleider, die Muster sind tropisch-verspielt, und es wird nicht gegeizt mit kräftigen Farbkontrasten. Als Accessoire dient ein putziger Regenschirm, der vornehmlich Schutz vor der Mittagshitze bieten soll.

Die Männer tragen meist langärmelige weiße Hemden zu ihren langen dunklen Hosen. Zwar stecken die

Volle Kirche, farbenfrohe Kleidung: Ostergottesdienst auf Praslin

Füße oft in ausgelatschten Schlappen, doch nie wirken sie heruntergekommen. Die kleinen Mädchen sind wie Prinzessinnen herausgeputzt. Haben sie bereits Kommunion gefeiert, werden die Kleidchen Sonntag für Sonntag aufgetragen, verziert mit schillernden Schleifen und Broschen. Wer mit den Insulanern die Messe feiern will, sollte sich an der Sorgfalt der Garderobenauswahl ein Beispiel nehmen. Shorts und Tops mit Spaghettiträgern sind für diesen Anlass jedenfalls tabu.

MÄNNERSACHE

Es gibt ein allabendliches Ritual auf den Seychellen: Die Männer kochen und führen das Regiment am Herd, und das führen sie gut! Fast könnte man meinen, dass es ein geheimnisvolles Inselgen gibt, das aus allen seychellischen Männern gleichermaßen begnadete Köche macht. Selbst ganz junge Burschen, die man eher in der Takeaway- oder Fast-Food-Fraktion vermuten würde, zaubern allabendlich ein selbst gekochtes Mahl. Viele Männer stehen schon deshalb in der Küche, weil sie es sind, die die Papayas oder Bananen ernten, die hauseigenen kleinen Kürbisplantagen bestellen oder als Fischer bzw. *peser a ter* (Fischhändler) für frischen Fischnachschub sorgen. Von Kindesbeinen an sind sie es gewohnt, den Fang zu säubern, auszunehmen und zuzubereiten. Den Feinschliff am Herd bekommen sie dann ganz nebenbei von älteren weiblichen Familienmitgliedern mit, vor allem im (groß)mütterlichen Unterricht.

ESSEN SHOPPEN SPORT

Schnorcheln vor St. Pierre: Das Tropenparadies hört am Meeressaum nicht auf

ESSEN & TRINKEN

Genauso unterschiedlich wie die Inseln der Seychellen ist *lakwizin kreol* – die einheimische kreolische Küche. Sie gibt sich einerseits einfach und bodenständig, andererseits raffiniert und vielseitig. Denn die Rezepte wurden von den unterschiedlichsten auf den Seychellen ansässigen Bevölkerungsgruppen inspiriert. Egal ob europäische Kolonialherren und ihre afrikanischen Sklaven oder Einwanderer aus Indien oder China – alle mischten in den Kochtöpfen kräftig mit.

TROPISCHE VIELFALT MIT WÜRZE

Die Küche der Seychellen lässt sich mit einem einzigen Wort zusammenfassen: würzig! Kein Wunder, sitzt man hier doch in Sachen Chili und Kurkuma, Zimt und Nelken, Pfeffer und Muskat direkt an der Quelle. Es sind die Gewürze, die nicht nur den einstigen Reichtum der Inseln ausmachten, sondern auch für den unvergleichlich authentischen Geschmack der typisch seychellischen Gerichte sorgen. Die Basis für fast jedes Gericht ist das tropische Dreigestirn aus *lay* (Knoblauch), *zenzanm* (Ingwer) und *zwanyon* (Zwiebeln). Natürlich auch für *kari*, die traditionellen Currygerichte. Die Seele aber ist *masala*, eine Gewürzmischung, die vor allem aus gemahlenem Kurkuma, Koriander, Nelken, Kreuzkümmel, Senfsaat und getrocknetem Chili besteht. Gewürzt wird außerdem mit *kari pile* (Curryblättern) und Zimtblättern, die ähnlich wie Lorbeer in den Currygerichten mitgekocht werden. Mildere Currygerichte sind mit Kokosmilch verfeinert und nennen sich *kari koko*. Zu den Klassikern zählen *kari poul* (Hühnchencurry) und *kari zourit* (Oktopuscurry). Fischcurrys werden aus Bonito, *karang* (Stachelmakrele) und *pwason sale* (gesalzenem Trockenfisch) zube-

Das Auge isst mit: exotische Fruchtvielfalt (li.), dekorativ präsentiertes Fischfilet (re.)

reitet. Andere Edelfischsorten wie Red Snapper oder Job Fish geben herrliche Filets ab. Kleinere Exemplare und Riff-Fische landen auf dem Grill, Meeresgetier wie *krab ziraf* (Spannerkrabben) oder *kanmaron* (Garnelen) meist in einer cremigen, zitronig-scharfen Ingwersauce.

Ganz Mutige probieren *kari sousouri,* ein Flughund-Curry mit ausgesprochen zartem Fleisch, das im Geschmack an Reh oder Hirsch erinnert – das einzige „Wild" der Seychellen und die Spezialität der Inseln schlechthin.

JEDES MA(H)L EIN BÜFETT

Der Inbegriff eines klassischen seychellischen Essens ist eine opulent gedeckte Tafel – egal ob im Restaurant, in der Familie oder beim Strandpicknick – mit mannigfaltigen Köstlichkeiten, durch die man sich stundenlang durchprobieren kann. Alles kommt gern auf einmal auf den Tisch. Dazu gehören Vorspeisen wie *benyenn brenzel* (gebackene Auberginen) und *gato piman* (scharfe Linsenküchlein), zusammen mit traditioneller Suppe – einer Art Blätterbrühe *(bouyon bred)* mit Moringa-Blättchen, Chinakohl, wildem Spinat oder Kürbisranken. Klassische Salate sucht man eher vergebens, es gibt stattdessen *satini,* wörtlich Chutney. Auf den Seychellen versteht man aber darunter nicht die bekannten süß-sauren Dip-Saucen, sondern Gemüsestampf (z. B. aus Kürbis oder Aubergine) und klein geraspeltes und geschmortes Obst und Gemüse, z. B. aus unreifer Papaya, Mango, Kürbis und Golden Apple.

Klassische Fleischgerichte wie Steak oder Schnitzel gibt es so gut wie nicht, spannend sind dagegen einheimische Blutwürste *(bouden)* oder die feurig-fruchtige *lasos kreol,* eine Sauce auf Tomaten-Chili-Basis zu gegrilltem Fisch. Der Nachtisch wird dann

Zum Currygericht ein einheimisches Bier – lecker!

schrecklich süß – z.B. *bannann karamel* (gebackene, karamellisierte Minibananen) oder *nouga koko* (Konfekt aus Zucker und Kokosraspeln).

REICHLICH REIS & CO

Ein Essen ohne Reis ist kein richtiges Essen, so eine seychellische Redensart. Kein Wunder also, dass es zu jedem Gericht, selbst zur Suppe, immer ordentlich davon gibt. Wer genug vom ewigen Reis hat, muss nicht verzweifeln, denn es gibt landestypische Alternativen, z.B. Kochbananen, die als Chips gebacken oder mit Fisch zum traditionellen Eintopf *katkat bannann* verarbeitet werden.

Einen besonderen Stellenwert in der seychellischen Küche hat die Brotfrucht. Wer von ihr isst, so sagen die Einheimischen, kehrt immer wieder auf die Seychellen zurück. Die Brotfrucht, entweder frittiert als Chips, gebacken wie Pommes oder zu Püree zerstampft, schmeckt ähnlich wie Kartoffel und erfreut als *ladob* in Kokosmilch gekocht sogar die Naschkatzen.

DAS GLÜCK LIEGT AUF DER STRASSE

Seychellisches Takeaway ist alles andere als eine kreolische Variante des üblichen Fast-Food-Einerleis. Es ist Lebensgefühl, Küchenphilosophie und Inselgeschichte zugleich, denn hier in den Streetfood-Wagen wird traditionelle Hausmannskost angeboten. Oftmals werden beliebte Familiengerichte daheim von Mama, Papa, Oma und Opa gekocht, dann über die Insel geschaukelt und in einem winzigen Verkaufswagen angeboten. Natürlich, im heutigen Takeaway-Angebot mischen mittlerweile auch Hot Dogs und Burger mit, aber meist wird gebratener Fisch, Hühnchen oder Curry angeboten, was vor allem am Mittag oder nach Feierabend verkauft wird. Dazu gibt es neben Reis *lantir kreol* (Stampf aus roten Linsen) oder knackige Beilagen wie geraspeltes Weißkraut und Karotten oder Salat aus halb reifer Mango und Frühlingszwiebeln. Außerdem als Snack empfehlenswert: samousas – pikante, meist mit Gemüse oder Fisch gefüllte Teigtaschen, die frisch in den Minimärkten an indischen Ständen erhältlich sind. Auf Mahé gibt's bei *Kumar & Kumar (tgl. 8–21 Uhr, So nur vormittags | East Coast Road | Point au Sel)* die besten. Für diese Köstlichkeit fahren sogar selbst viele Bewohner der Hauptstadt kilometerweit! Am besten die *samousas* am frühen Vormittag erstehen, dann zum Picknick mit an den Strand nehmen. Dazu passt natürlich ein kühles Seybrew!

INSIDER-TIPP
Legendär leckere Teigtaschen

Unsere Empfehlung heute

Salate

SALAD MILYONER
Salat aus frischen Palmherzen

SALAD MANG
Salat aus hauchdünnen Mangoscheiben

Snacks

SAMOUSAS
Gebackene Teigtaschen mit Gemüse- oder Fischfüllung

CHIPS
Hauchdünne, frittierte Scheiben von Brotfrucht, Banane oder Maniok

Currygerichte

KARI KOKO ZOURIT
Mildes Curry-Gericht mit Tintenfisch und Kokosmilch

KARI POUL
Curry-Gericht mit Hühnchen

Fisch & Co.

BOURZWA/RED SNAPPER
Roter Schnapper – der bekannteste Seychellen-Fisch

KAKATWA GRIYE
Gegrillter Papageienfisch

KRAB ZIRAF ZENZANM
Riesenkrabben in Ingwersauce

Beilagen

LANTIR KREOL
Linsenstampf mit Zwiebeln, Knoblauch und Ingwer

SATINI PAPAY
Geraspelte und geschmorte grüne Papaya

BENYENN BRENZEL
In knusprigem Teig ausgebackene Auberginen

Getränke

SEYBREW
Landestypisches Inselbier, nach deutschem Reinheitsgebot (!) gebraut

TAKAMAKA
Inselrum in verschiedenen Geschmacksrichtungen

SITRONNEL
Tee aus Zitronengras

SHOPPEN & STÖBERN

Der absolute Hit in Sachen Mitbringsel von den Seychellen sind Gewürze – vor allem für diejenigen, die gerne kochen und essen. Nichts geht über die einheimischen Currymischungen, die unter dem Namen Masala verkauft werden.

DIE WÜRZE DES LEBENS

Eine heiße Sache: alles rund um Chili, vor allem selbst gemachtes *konfi piman* (eingelegte Chilischoten) oder aber schwarzer Pfeffer. Chili ist die feurige Seele der Seychellen, und es gibt ihn an jeder Ecke.

INSIDER-TIPP
Scharfmacher

Etwas Besonderes sind die alten Ketchup-Fläschchen von Antonio mit rustikal-rattenscharfen Chilifüllungen. Den kleinen, schäbig-liebevollen Verkaufsstand in Baie Lazare (Mahé), an dem es je nach Tagesform auch Obst und Wachteleier gibt, findest du gleich neben *MJ's Takeaway*.

Eine etwas teurere Angelegenheit sind seychellische Muskatnüsse und erst recht Vanille, entweder als Schote oder als Essenz – alles erhältlich auf dem Markt in Victoria, außerdem z. T. im Jardin du Roi auf Mahé, im L'Union Estate auf La Digue und meist auch in den kleinen indischen Läden.

DIE NUSS ALLER NÜSSE

Die Königin unter den Andenken ist die exotisch-erotische Seychellen-Nuss, die Coco de Mer, die nicht nur außergewöhnlich geformt, sondern auch außergewöhnlich teuer ist (ca. 300 Euro) – erhältlich z. B. im Botanischen Garten von Mahé oder im Vallée de Mai (Praslin). Wer sich das nicht leisten will, findet eine reiche Auswahl an Nussprodukten: von Utensilien aus Kokosnussschalen bis hin zu Knöpfen und Schmuck aus Raffianüssen, z. B. erhältlich in den Filialen von *Kreolor* (*kreolorjewellery.com*).

Bunt und scharf: Chilischoten (li.); ob blond, ob braun, immer gut: Takamaka-Rum (re.)

NEUE BESEN KEHREN GUT

Zugegeben, Reinigungsutensilien sind nicht besonders sexy, schon gar nicht als Souvenir. Doch die auf den Seychellen handgefertigten Besen sind so schön und praktisch, dass man sie gern in die Hand nimmt. Das gilt vor allem für den *balye zig* – eine Art übergroße Kratzbürste aus Palmreisig, mit dem das Fegen der heimischen Terrasse richtig Spaß macht. Sanfter lassen sich Parkett- oder Fliesenböden mit dem *balye fatak* reinigen – einem wuscheligen Besen aus Schilfgras. Alle Varianten bekommst du in den kleinen indischen Läden.

UND 'NE BUDDEL VOLL RUM

Den Geschmack der Tropen mit nach Hause nehmen, das geht am besten mit Rum. Das Label *Takamaka* steht für Inselfeeling pur! Der vollmundige, dunkle Rum kommt am besten pur daher. In Verbindung mit Mango, Kokos oder Ananas lassen sich aber auch geniale Cocktails mischen, der weiße eignet sich für sensationelle Long Drinks wie Mojito & Co.

KNUSPER, KNUSPER, KNÄUSCHEN ...

Seychellen-Erinnerungen mit Krümelgarantie sind die Chips und Knabbersachen. Sündhaft gut schmecken z. B. *mouluk,* gebackene Teig-„Würmer" aus Linsenmehl mit leichter Tropenschärfe. Der Knaller: Brotfruchtchips, nicht nur, weil sie so würzig-kartoffelig und crispy sind, sondern weil ein Sprichwort sagt: „Wer von der Brotfrucht isst, kehrt immer wieder auf die Seychellen zurück." Exotisch schmecken auch die Varianten aus *cassava* (Maniok) und Kochbanane. Alle Knabbersachen sind aus nicht industrieller Produktion und finden sich in kleinen Klarsichttüten bei jedem Krämerladen um die Ecke.

SPORT

Seychellen – nur Baden oder am Strand abhängen? Da gibt's noch viel mehr! Also los: Wanderschuhe anziehen, Rad schnappen oder ins Kajak steigen! Aber aufgepasst: Alles findet fast am Äquator statt, Sonneneinstrahlung und Hitze haben schon so manchen Energiehaushalt durcheinandergebracht. Bei körperlicher Betätigung bitte für ausreichend Pausen, Getränke und Sonnenschutz sorgen!

FISCHEN

Für diejenigen, die sich gern „Petri Heil" zurufen, sind die Seychellen der Himmel auf Erden. Eine Herausforderung ist das Hochseefischen, vor allem rund um Bird und Denis Island, wo am sogenannten *Drop Off* der Meeresgrund bis zu 2000 m in die Tiefe stürzt. Außerdem ist das Resort auf Alphonse zu einem Angler-Mekka mutiert, insbesondere für Liebhaber der Fliegenfischerei. Viele Hotels und Guesthouses sind bei der Vermittlung von Angeltouren behilflich, so z. B. im Süden und Westen von Mahé. Über die besten Angelgründe, Saisons, Zeiten, Events etc. kann man sich schlau machen auf der Website des *Seychelles Sports Fishing Club (ssfc.sc)*.

BADEN & SCHWIMMEN

Die Idylle ist trügerisch: Nicht jeder Strand ist zum Baden und erst recht nicht zum sportlichen Schwimmen geeignet. Wer ordentlich seine Bahnen ziehen will, für den heißt es: Ab an die Anse Royale im Südosten von Mahé (optimal sind hier Nov.–Mai) oder nach Beau Vallon (im Norden von Mahé, optimal Juni–Okt.). An vielen Stränden ist das Meer nur zum Planschen geeignet, weil das Wasser gerade mal knietief ist. An anderen Stränden, z. B. an der Anse Intendance, der Grand' Anse (Mahé) oder der Grand'

Abenteuer für Fortgeschrittene: Höhlentauchen vor Desroches

Anse (La Digue), gibt es tückische Strömungen und hohe Brandung – bitte unbedingt Verbotsschilder bzw. Warnhinweise ernst nehmen!

FAHRRAD FAHREN

Fahrradfahren auf den Seychellen ist ein zwiespältiges Vergnügen: Während es für Urlauber auf Mahé nicht empfehlenswert, z.T. sogar verboten ist, den Drahtesel im Straßenverkehr zu nutzen, ist die Fortbewegung ohne Rad auf La Digue und Praslin undenkbar. Anspruchsvolle Radtouren sollte man nicht erwarten, aber kurvige Küstenstraßen und kleine, mehr oder weniger steile Anhöhen bringen Abwechslung und sorgen für sportliche Betätigung, zumal die seychellischen Räder nichts mit den in Westeuropa gängigen Hightech-Bikes gemein haben. Fahrradverleiher gibt es im Hafen von La Digue und auf Praslin an den zwei wichtigsten Küstenabschnitten, der Grand' Anse und der Côte d'Or, außerdem über die Guesthouses und Hotels (Preis ca. 10–12 Euro/Tag).

GOLF

Golf der Extraklasse gibt es auf Praslin. Angedockt an das Hotel *Constance Lémuria (Anse Kerlan | Tel. 4 28 12 81 | constancehotels.com)* ist ein 18-Loch-Platz vom Feinsten, vor allem was die atemberaubende Aussicht auf die Buchten Anse Kerlan und Anse Georgette betrifft. Hoch über dem Blau übers Grün zu schweben hat schon was – übrigens auch für Nichtgolfer, die nach Anmeldung zu dieser Bucht wandern können, die als eine der schönsten der Seychellen gilt. Auf der Hauptinsel Mahé geht es weniger spektakulär zu. An der Ostküste liegt in einem Palmenhain ein nur halb so großer und halb so attraktiver 9-Loch-Platz *(Seychelles Golf Club | Anse aux Pins | Tel. 4 37 62 34 | sgc.sc).*

PADDELN & SUP

Überall auf den Inseln gibt es mal hier, mal dort die Möglichkeit, sich mit einem Kajak oder beim Stand-up-Paddling auszutoben. Am besten geht das auf Mahé am Beau Vallon, wo viele Hotels Equipment verleihen. Direkt in der Unterkunft nachfragen! Noch nie den richtigen Durchblick gehabt, schon gar nicht auf die exotische Meeresfauna? Dann solltest du in der Anse Source d'Argent auf La Digue mal in einem transparenten Paddelboot über die faszinierende Unterwasserwelt gleiten *(Crystal Water Kayaks | L'Union Estate)*!

INSIDER-TIPP
Bis auf den Grund

REITEN

Das Glück der Erde liegt ja bekanntlich auf dem Rücken der Pferde. Aber es gibt noch eine Steigerung: ein Ausritt unter Palmen, durch seichtes Wasser, über weiße Strände. Auf Mahé wird dieser Traum – auch für Reitanfänger – Wirklichkeit: *Turquoise Horse Trails (West Coast Road, Nähe Avani Barbarons Seychelles Resort | Di–So nach Absprache | ab 150 Euro/Std. | turquoisehorsetrails.com)*.

SEGELN

Es gibt nichts Schöneres, als die Seychellen bei einem Segeltörn zu erkunden. Charterpakete bieten z. B. *Dream Yacht Worldwide (dreamyacht charter.de)* oder *Sunsail Seychelles (Mahé | Eden Island, Marina | sunsail.de)*. Für Privatinseln wird eine Landegebühr erhoben (für Bird Island z.B. 50 Euro/Pers.). Wer einen Törn auf die Äußeren Inseln (Amiranten, Alphonse, Desroches) plant, muss eine hochseetaugliche Jacht chartern. Profiskipper und Crew sind Vorschrift, schon allein wegen der Riffe. Vorher klären, ob Lizenzen, Ausnahme- und Landegenehmigungen und -gebühren einzuholen bzw. zu entrichten sind. Ein Wort zum Wind: Eigentlich liegen die Seychellen außerhalb des Zyklonengürtels – eigentlich, denn ab und zu verirren sich Wirbelschleppen bzw. Zyklonausläufer trotzdem hierher. Optimal für einen Törn sind die Monate des Südostmonsuns (Mitte Mai–Mitte Okt.). Beste Ankerbedingungen gibt's in der windstilleren Zeit des Monsunwechsels (April/Mai und Okt./Nov.).

SURFEN

Für alle, die auf (dem) Wasser stehen, sind die Seychellen nur bedingt ein geeignetes Revier – Surfen ist jahreszeitenabhängig. Windsurfer sind in den Monaten des Südostmonsuns (Mitte Mai–Mitte Okt.) glücklich, denn hier beträgt die mittlere Windgeschwindigkeit 12–15 Knoten, im August sogar bis zu 25 Knoten. Wind- und Kitesurf-Ausrüstung gibt es in ausgewählten Hotels, insbesondere auf Mahé am Beau Vallon. Wellenreiten geht zwar ganzjährig, an den Südküsten herrschen in den Monaten des Südostmonsuns z.T. aber lebensgefährliche Strömungen. Hier bitte unbedingt Infos von Einheimischen einholen und Ratschläge befolgen! Gute Reviere zum Wellenreiten auf Mahé sind z. B. Police Bay, Anse Intendance oder Anse Parnel. Hier kann man auch Bretter leihen *(Surfers Beach Restaurant | surfersbeach.sc)*.

TAUCHEN

Tauchen geht am besten in den Monaten des Monsunwechsels (April/Mai und Okt./Nov.). Neptun sorgt dann meist für optimale Bedingungen: ruhige See, klares Wasser, gute Sicht. Tauchbasen finden sich vor allem am Beau Vallon (Mahé) und an den größeren Stränden, z.B. an der Anse à la Mouche (Mahé) oder an der Côte d'Or (Praslin). Auf La Digue bieten sich das *Azzurra Dive Center* an der *La Digue Island Lodge* und *Trek Divers Scuba Diving (trekdivers.com)* an. Schnorcheln geht fast überall: Auf Mahé sind Abschnitte der Anse Soleil, Anse Forbans, Anse Royale, Anse Takamaka und des Sunset Beach empfehlenswert.

WANDERN & TREKKING

Bergtouren sind vor allem im Morne-Seychellois-Nationalpark auf Mahé rund um den höchsten Berg der Seychellen attraktiv. Sie führen durch Nebelwälder und wilde Vegetation. Die spendet auch meist Schatten, dennoch heißt es: Früh raus aus den Federn! Dann halten sich Hitze und Luftfeuchtigkeit noch in Grenzen. Alles andere – also ein Aufstieg zur Mittagszeit oder gar in den drückenden Nachmittagsstunden – ist Quälerei. Beliebte Routen sind auf Mahé der Aufstieg zur 500 m hohen Felskuppel Copolia, zu den Trois Frères oder zum Morne Blanc, außerdem der Salazie Trail oder der Weg zum Cassedent und zur Anse Major. Auf La Digue gibt es relativ einfache Wanderungen zum höchsten Gipfel der Insel Bellevue (333 m) und zur Anse Cocos, etwas schwierigere wie z.B. die zur Anse Marron macht man besser mit Führer, z.B. von *Sunny Trail Guide (sunnytrailguide.net)*. Aufgepasst: Die Wanderwege haben ihre Tücken, sie können überwuchert oder nach einem Sturm durch entwurzelte Bäume unpassierbar sein.

So lässt sich's aushalten: Segeltörn vor der Insel Curieuse

DIE REGIONEN IM ÜBERBLICK

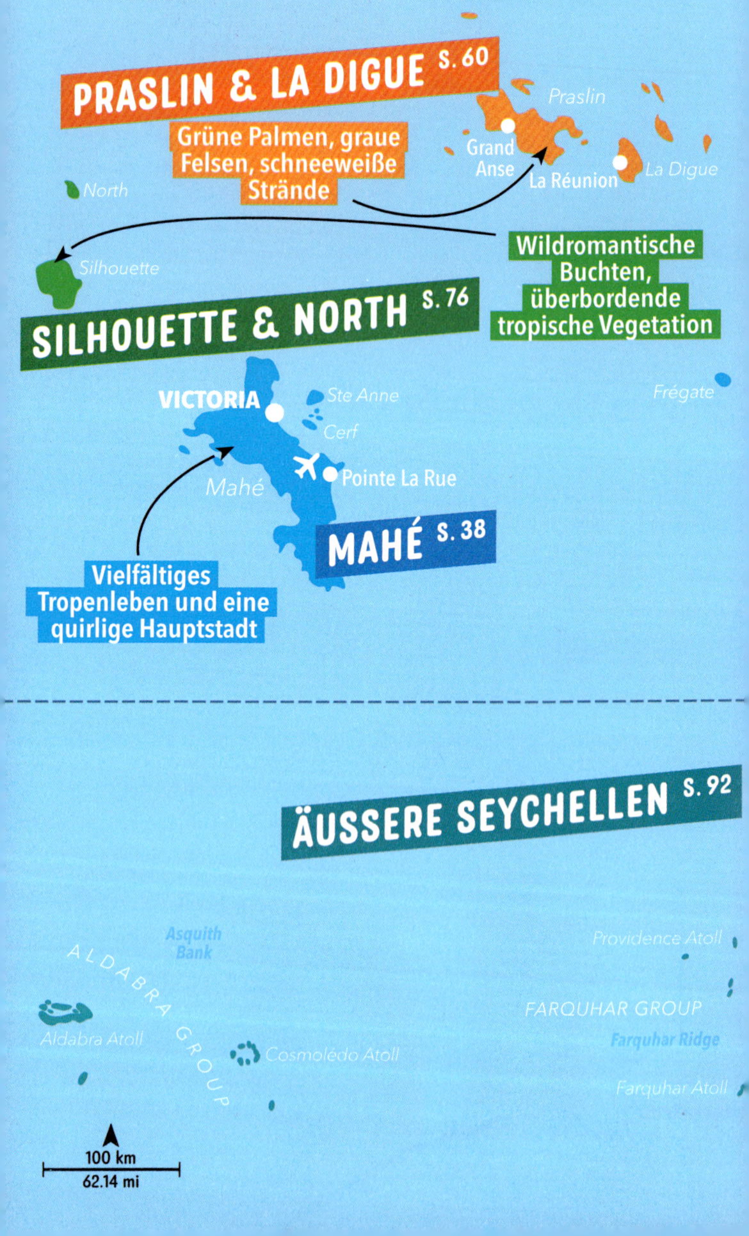

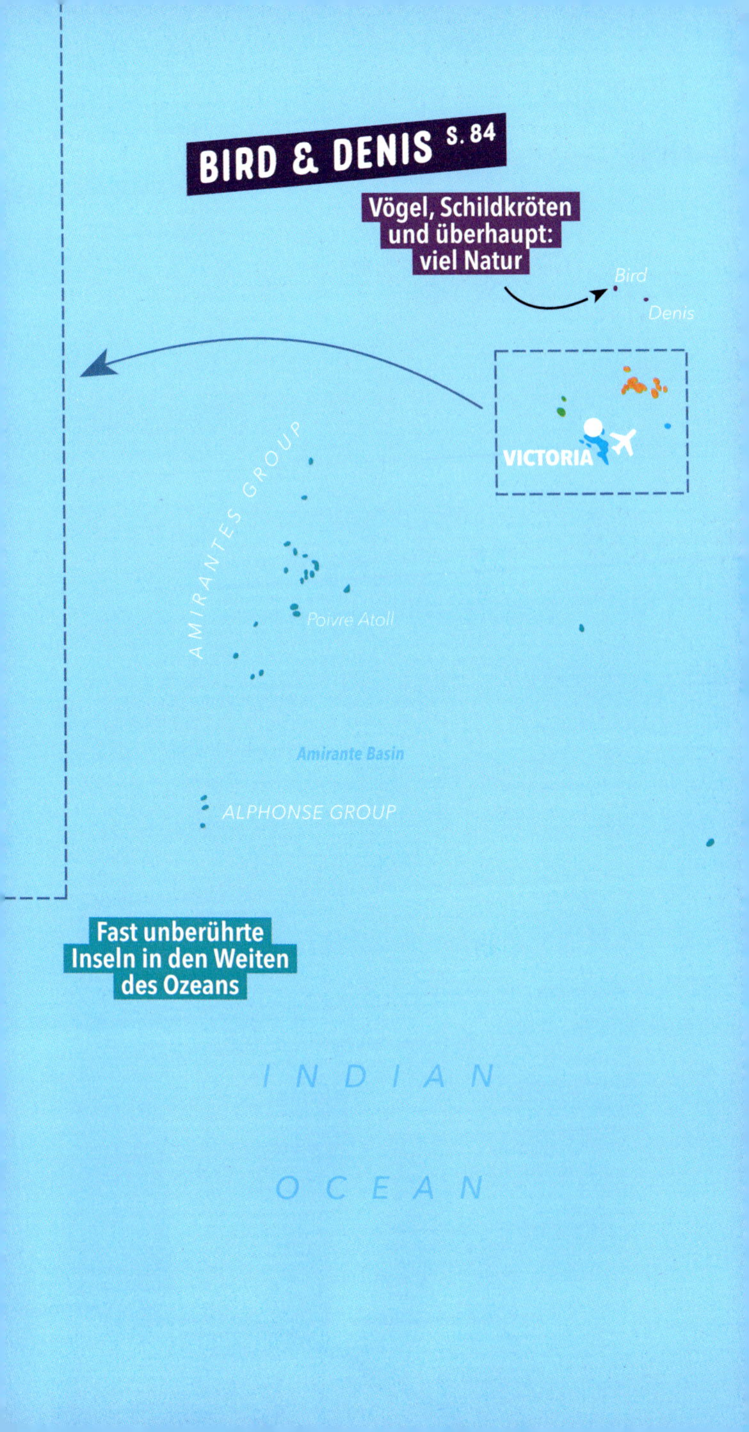

BIRD & DENIS S. 84
Vögel, Schildkröten und überhaupt: viel Natur
Bird
Denis
VICTORIA
AMIRANTES GROUP
Poivre Atoll
Amirante Basin
ALPHONSE GROUP
Fast unberührte Inseln in den Weiten des Ozeans
INDIAN
OCEAN

MAHÉ

DIE MISCHUNG MACHT'S!

Granitgebirge, üppige Vegetation, weitläufige Strände und eine wuselige Hauptstadt – auf Mahé pulsiert das Tropenleben in seiner vielfältigsten und ursprünglichsten Art.

Etwa drei Viertel der rund 100 000 *seselwa* wohnen auf der Hauptinsel, die zwei Gesichter hat: Der Norden punktet mit einem aufregenden Panorama rund um den 905 m hohen Morne Seychellois und reichlich Abwechslung mit touristischen Hotspots an der weiten Bucht von Beau Vallon. Ganz anders der rauere Süden: dünn besie-

Fernab vom Alltag: Beau Vallon Bay im Abendlicht

delt mit Fischerdörfern neben Stränden von atemberaubender Schönheit. An Mahé geht kein Weg vorbei, schon allein deswegen, weil sich hier der einzige internationale Flughafen der Seychellen befindet – plan also ein paar Tage ein, um dich vom Alltagstreiben in Victoria mitreißen zu lassen und auf einer abenteuerlichen Busfahrt von Nord nach Süd zu gondeln. Oder um auf schneeweißem Sand unter Palmen abzuhängen und zwischen den vorgelagerten Inseln im Sainte-Anne-Nationalpark ein- und abzutauchen.

MAHÉ

MARCO POLO HIGHLIGHTS

★ **SIR SELWYN SELWYN CLARKE MARKET**
Am Puls der Stadt: Schmelztiegel für Kulinarik und Kultur ➤ S. 43

★ **SAINTE ANNE MARINE NATIONAL PARK**
Eine eigene Inselwelt vor der Hauptstadt – Entdeckungen über und unter Wasser ➤ S. 47

★ **BEAU VALLON**
Faszination Meer in einer weiten Bucht, die keine Wünsche rund um Wasser (-sport) offen lässt ➤ S. 48

★ **MORNE-SEYCHELLOIS-NATIONALPARK**
Wer hoch hinaus will, ist hier richtig: Granitberge im Grün ➤ S. 48

★ **LA PLAINE ST. ANDRÉ**
Plantagennostalgie mit Rumproduktion und Wochenendmarkt ➤ S. 51

★ **JARDIN DU ROI**
Mehr als nur ein Garten: botanisches Juwel in waldigen Höhen ➤ S. 53

★ **ANSE INTENDANCE**
Brandung pur, Sand satt – kurz: Traumstrand ohne Grenzen! ➤ S. 55

Insel vor Mahé
S. 59
24 Frégate
5 North Point
6 North East Point
La Retraite
7 Bergwelt von La Gogue
Anse Etoile
Ma Constance
2 Sainte Anne Marine National Park
Sir Selwyn Selwyn Clarke Market
Inseln vor Victoria
S. 47
Victoria
S. 42
1 Eden Island
Sans Souci
21 km, 30 Min.
La Misère
Cascade
Talbot
Anse des Genets
23 Grand'Anse
Barbarons
8 km, 20 Min.
Pointe la Rue
Capucins
Bon Espoir
Anse Boileau
8 Vilaz Artizanal
25 km, 45 Min.
Anse Louis
9 La Plaine St. André
Mahés Süden
S. 51
Pointe Au Sel
22 Anse á la Mouche
10 Anse Royale
21 Anse aux Poules Bleues
20 Anse Soleil
18 Baie Lazare
11 Jardin du Roi
19 Petite Anse
Baie Lazare
Anse Parnel 12
17 Anse Takamaka
13 Anse Forbans
Quatre Bornes
14 Anse Marie Louise
Anse Intendance 16
15 Anse Cachée
2 km
1.24 mi

VICTORIA

(🕮 D-E 10) **Klein, aber gar nicht so fein – das ist Victoria. Böse Zungen behaupten, das Wort „Hauptstadt" sei völlig irreführend, wenn es um die Beschreibung von mehr oder weniger alten Häusern, ein paar Behörden und ziemlich verstopften Straßen geht.**

Als im 18. Jh. die ersten Siedler auf die Inseln kamen, entstand notgedrungen ein kleiner Stützpunkt mit Läden, einem Minikrankenhaus, einer Gemeinschaftsküche und einem Gefängnis. Das alles zählte zu den öffentlichen Einrichtungen – und weil eben nichts anderes beabsichtigt war, als diese öffentlichen Einrichtungen einzurichten, also zu etablieren, erhielt das ganze Ensemble einen wichtig klingenden französischen Namen: *L'Etablissement*. Allmählich entwickelte sich diese kunterbunte Ansammlung aus imitierten Herrensitzen, Baracken und Hütten zur Boomtown. Kein Wunder, denn *tablismen* – so wurde das koloniale Häusergemisch auf Kreolisch genannt – wuchs und wuchs, Regierungsgebäude und Straßen entstanden. Und so entschlossen sich die Würdenträger 1841, das urbane Gebilde zu Ehren der britischen Königin in Victoria umzutaufen. Heute wird das Ganze schlicht und einfach *town* genannt, weil es der einzige Ort auf den Seychellen ist, der die Bezeichnung „Stadt" wenigstens ansatzweise verdient. Knapp ein Drittel der seychellischen Bevölkerung (ca. 28 000 Ew.) lebt in diesem tropischen

Tohuwabohu. Ein klassischer Stadtbummel? Fehlanzeige! Am besten ist es, wenn du dich einfach durch die Straßen rund um den Markt treiben lässt. Hier kannst du einen guten Mix aus geballter Hauptstadt-Power und Inselgeschichte erleben.

SIGHTSEEING

CLOCK TOWER

Der Big Ben in London ähnlich sehende Uhrenturm ist vielleicht der symbolträchtigste Ort der Stadt. Nicht zuletzt, weil du hier merkst, dass auf den Seychellen dem Glücklichen keine Stunde schlägt. Weil rund um den Clock Tower stets ein Kuddelmuddel aus Fußgängern und Fahrzeugen herrscht, hast du genug Zeit, um nicht nur den Turm, sondern auch die Besonderheiten des hiesigen Kreisverkehrs zu studieren. Der Clock Tower ist der Nabel der Stadt: Von hier aus kannst du dich in das umliegende Gewimmel stürzen. *Independence Ave./ Francis Rachel Street*

SIR SELWYN SELWYN CLARKE MARKET ★

Hier schlägt das Herz der Hauptstadt, und hier tummelt sich das Inselvolk, lautstark, fröhlich und bunt! Der Eingangsbereich ist das Revier der Fischhändler, gefolgt von Obst- und Gemüseständen bis hin zu einem beinah unüberschaubaren Angebot an Gewürzen, die einem buchstäblich den Atem rauben. Unbedingt nach *piman konfi* (eingelegtem Chili) und Vanille (entweder frisch oder als Essenz) Ausschau halten. Zu viel Gewusel? Dann

Umschlagplatz und Treffpunkt: Sir Selwyn Selwyn Clarke Market

eine kleine Pause im *Market Bistro (an Markttagen 10–14.30 Uhr | Markt, 1. Etage)* einlegen: kleine Tische mit karierten Decken, Holzfische und Stranddeko – kein großer Luxus, kein perfekter Service, keine besonderen kulinarischen Angebote, doch da gibt es etwas, das zu den Auslagen der Gemüsehändler passt: frittierte Auberginenfinger mit süßsaurem Chili-Dip, ein knusprig-tropischer Snack, der sättigt und so sündhaft gut schmeckt, dass man sich gleich noch eine Portion bestellt! Wer es kühler mag, geht um die Ecke ins Eiscafé *Dolce Vita (Mo–Sa 10–22 Uhr). Albert Street | Mo–Fr 7–17, Sa 6.30–13 Uhr*

INSIDER-TIPP Zum Fingerablecken!

ARUL MIHU NAVASAKTHI VINAYAGAR TEMPLE

Hinter dem Markt ist die farbenfrohe Fassade des Hinduheiligtums ein echter Eyecatcher. Innen eine Oase der Ruhe – nur den Vorraum darf man (barfuß!) betreten, und das lohnt, weil ab und zu die Ritualgesänge der indischen Mönche nach draußen dringen. *Quincy Street | tgl. 6–12, 17–21 Uhr | Eintritt frei | 30 Min.*

CATHEDRAL OF THE IMMACULATE CONCEPTION & LA DOMUS

Auf keinen Fall auslassen, auch wenn du nicht so der Kirchenfreak bist. Schließlich ist dies nicht nur das größte Gotteshaus der Seychellen, sondern auch eines der wenigen Bauwerke, die wirklich als historisch zu bezeichnen sind. Das angrenzende Priesterwohnhaus *La Domus* kann man leider nur von außen besichtigen, aber auch die Fassade ist beeindruckend. Gebaut wurde das imposante Gebäude in den 1930er-Jahren von Schweizern, genauer gesagt von eidgenössischen Missionaren. *Tgl. 6–17 Uhr | Oliver Maradan Street | 30 Min.*

FRANCIS RACHEL STREET

An keinem Ort lässt sich die Atmosphäre des seychellischen Alltagslebens intensiver inhalieren als in den indischen Läden und Miniboutiquen der „Hauptstraße". Unbedingt hinter die blauen Holztüren in das barackenähnliche Geschäft der alteingesessenen chinesischen Handelsdynastie von Sham Peng Tong hineinschauen, auch wenn einem vor Mottenkugelduft fast der Atem stockt. Nur wenige Schritte weiter und du stehst vor dem *Deepam Cinema,* dem einzigen Kino der Seychellen. Ein abendlicher Besuch lohnt sich hier allemal, aber Achtung: Ohrenstöpsel nicht vergessen, denn manchmal ist der Ton einfach zu laut. Und ein Pullover schadet auch nicht, da die Klimaanlage manchmal auf Kühlschranktemperatur läuft ...

STATE HOUSE

Gemessen an den sonst üblichen Dimensionen anderer Regierungsgebäude dieser Welt nimmt sich der Sitz des seychellischen Präsidenten vergleichsweise bescheiden aus, was man von seinem exotischen Garten nicht behaupten kann. Ein Blick durch das schmiedeeiserne Tor ist erlaubt – mehr nicht! *State House Ave.*

BEL AIR CEMETERY

Ein Friedhof, der ein spannendes Zeugnis der religiösen seychellischen Zeitgeschichte ist! Hier ruhen die Großkopferten von einst: Kolonialherren, Siedler und sonstige Helden – in verfallenen Mausoleen unter Palmen, ein schaurig-schöner Kontrast zu den neuen hellen Gräbern, die vor Plastikblumenschmuck nur so strotzen. *Bel Air Road | 45 Min.*

NATIONAL BOTANICAL GARDEN

Der Name verspricht mehr, als er hält. Abgesehen von einer imposanten Coco-de-Mer-Palme und einem Schildkrötengehege wirkt die Anlage je nach aktuellem Pflegezustand wie ein etwas verwahrlostes Sammelsurium. Dennoch, wer sich Hobbygärtner nennt und Ahnung von lateinischen

Pflanzenbezeichnungen hat, sollte ein bisschen Zeit investieren, um blühende Exoten wie die „Rose of Venezuela" oder endemische, also nur auf den Seychellen beheimatete Palmen zu bestaunen. *Mont Fleuri Road | tgl. 8–16.30 Uhr | 250 SCR | ⏲ 1 Std.*

ESSEN & TRINKEN

MARIE ANTOINETTE

Ein Hauch der guten alten Zeit weht durch das im Kolonialstil errichtete Restaurant: Plüschsofas, schwere Tische und getäfelte Wände, an denen alte Gemälde und Unmengen von Visitenkarten ehemaliger Besucher hängen, werden für dich zu einer tropischen Zeitmaschine. Gegessen wird, was auf den Tisch kommt, fertig! Aber wenn du dich auf dieses Risiko einlässt, bekommst du ein unvergessliches, landestypisches Tischbuffet, bei dem dir das Wasser im Mund zusammenläuft: kreolische Klassiker wie Fisch, Curry und karamellisierte Bananen. *Mo–Sa 12–15, 18–22 Uhr | Revolution Ave./Serret Road | Tel. 4 26 62 22 | €€*

INSIDER-TIPP
Kreolisch-köstlich

SHOPPEN

SENPA – ESPLANADE CRAFT KIOSKS

Souvenirs satt gibt es in den niedlichen Butzen der kleinen „Shopping Ally" mit ihren hölzernen Verkaufsständen unmittelbar am zentralen Parkplatz. Ob geflochtene Taschen, T-Shirts oder Schnitzereien aus Tropenholz und Kokos: gar nicht kitschig, sondern exotisch-heiter! *Francis Rachel Street | Mo–Fr 9–17, Sa 9–13 Uhr*

Quietschbunt und verspielt: Hindutempel Arul Mihu Navasakthi Vinayagar

Man muss schließlich zeigen, was man hat: Jachten in der Marina von Eden Island

KENWYN HOUSE

Du möchtest dir mal was leisten? Dann ab in dieses herrschaftliche Kolonialanwesen, wo Schmuck, Edelsteine und Kunstgegenstände auf dich warten – alles für den gehobenen Geschmack und ein eher pralles Portemonnaie. *Francis Rachel Street | Mo–Fr 9–16, Sa 9–13 Uhr*

SPORT & SPASS

Lauffreaks können im Februar am AIMS-zertifizierten *Seychelles Eco-Friendly Marathon* teilnehmen. Ansonsten regiert König Fußball auch das Sportleben auf den Inseln. Kaum ein Land der Erde hat – gemessen an der Einwohnerzahl – so viele Fußballvereine wie die Seychellen! Im *Stad Linite* musst du dich lediglich entscheiden, für welche Mannschaft du zum Fan wirst: Hier finden hin und wieder sogar internationale Freundschaftsspiele statt, tropisch-aufgeheizte Stadionatmosphäre garantiert! Wann welche Clubs spielen, erfährst du aus der Lokalzeitung „Nation" oder von den Einheimischen.

WELLNESS

A DAY AT THE SPA ☂

Speziell an Frauen wendet sich das Angebot von Samia Cupidon: Sie verwöhnt dich in ihrem Spa z. B. mit einer Ganzkörpermassage (1 Std. 600 SCR), einer Nacken-Kopf-Massage (30 Min. 300 SCR) oder mit Maniküre und Pediküre (ca. 200 SCR). *Mont Fleuri | Aarti Chambers Room 1005 | Tel. 2 59 61 03 | Bushaltestelle Botanical Garden*

AUSGEHEN & FEIERN

BARREL NIGHT CLUB

Vor allem am Wochenende (Freitag- und Samstagabend) tanzt die Insel. In Victoria geht es im beliebtesten Club der Stadt, dessen Eingang meh-

rere Fässer zieren, heiß her. *Revolution Avenue | tgl. rund um die Uhr | Tel. 4 32 21 36*

SEMI-SUB PUB & CAFÉ

Super Location direkt am Wasser mit leckeren Snacks und raffinierten Sundowner-Cocktails! *Eden Island | Mo–Do 10–20 Uhr | Tel. 2 54 22 39*

BOARDWALK

Angesagter Club! Hier spielen sogar hin und wieder international bekannte Bands wie UB 40. Das Publikum ist eine Mischung aus Einheimischen, Touristen und Expats.

INSIDER-TIPP
Immer wieder freitags ...

Zum Glühen wird der Dancefloor vor allem freitagabends gebracht; dann herrscht hier Partystimmung zum Wochenausklang. Richtig los geht's ab 23 Uhr, dann aber bis frühmorgens. *Eden Island, Marina | häufig Livemusik ab 21 Uhr | Eintritt frei (ausgenommen Konzerte)*

INSELN VOR VICTORIA

1 EDEN ISLAND

4 km vom Stadtzentrum, 10 Min. mit dem Auto (über den Highway von Victoria)

Nur ein paar Kilometer vom Zentrum der Hauptstadt entfernt liegt die künstlich aufgeschüttete Insel, die sich zur Drehscheibe außerhalb Victorias gemausert hat. In dem direkt an der Marina gelegenen Restaurant *Bravo (Mo–Sa 12–22 Uhr | Eden House | Tel. 4 34 60 20 | €–€€)* solltest du unbedingt den Meeresfrüchtespieß probieren. Gediegener, aber auch teurer ist das *Tamassa Seafood Restaurant (tgl. 11–23 Uhr | Eden Marina | Tel. 4 34 68 80 | €€–€€€)*. Super Speisekarte mit Fischspezialitäten und asiatischen Gerichten! Rundherum flanieren die Schönen und Reichen und genießen das maritime Flair eines exklusiven Jachtclubs. Besonders praktisch, wenn man mit dem Leihwagen unterwegs ist: Ein Parkhaus gibt's direkt unter der Shopping Mall ☂ *Eden Plaza* – die ersten 30 Minuten sind umsonst, jede weitere halbe Stunde kostet 10 SCR. *F11*

2 SAINTE ANNE MARINE NATIONAL PARK ★

6 km vom Stadtzentrum entfernt, ca. 20 Min. mit dem Boot (über Marine Charter Association)

Vor Victoria liegt ein eigenes kleines Inselreich, in dem du im wahrsten Sinn des Wortes abtauchen kannst:

ein Wasserschutzgebiet mit den fünf wichtigsten Inseln Sainte Anne, Cerf, Long Island, Round Island und Moyenne. Mach dahin mal eine Fahrt mit dem Glasbodenboot, die meist mit einem Barbecue oder einer Schnorchelpause kombiniert wird *(u. a. masonstravel.com, 7south.net)*. Auf der futuristischen „Zephir" kannst du zudem bei der Finding Nemo Challenge Interessantes über die Meeresfauna lernen *(seychellesbookings.com)*. Schon von zu Hause aus lässt sich stressfrei über den deutschen Veranstalter Seyvillas eine Glasbodenboottour buchen *(Dauer 7 Std. | inkl. Hotel-Transfer Erw. 100 €, Kind 45 € | seyvillas.com)*. *F–G10*

MAHÉS NORDEN

Normal ist nicht so dein Ding? Dann ist der Norden genau das Richtige für dich!

Das nördliche Mahé punktet nämlich mit einer abwechslungsreichen Mischung aus Meer und mehr – d. h. mit Highlights, die es so nirgendwo anders auf der Hauptinsel gibt.

ZIELE IN MAHÉS NORDEN

3 MORNE-SEYCHELLOIS-NATIONALPARK ★

Grün ohne Grenzen, und das im wahrsten Sinn des Wortes, denn das Gebiet um die höchste Erhebung der Seychellen – den Morne Seychellois (905 m) – kennt keinen offiziellen Eingang oder gar Eintrittsgelder. Hinter den Stadtgrenzen von Victoria frisst sich die 11 km lange, steile und kurvenreiche Straße *Sanssouci Road* durch Teeplantagen, Wälder und Berge und verbindet so die Ostküste Mahés mit der Westküste. Anhalten lohnt sich immer da, wo sich imposante Ausblicke auftun – nicht nur an den Ruinen der *Mission Lodge*. Wanderwege gibt es auch, allerdings sind die nicht ganz ohne – ein Bergführer ist hier zur Sicherheit die ideale Begleitung. Siehe auch Kapitel *Erlebnistouren*, S. 111. *A–E 10–12*

4 BEAU VALLON ★

Der touristische Hotspot des Nordens: eine fast 2 km lange, weit geschwungene Bucht mit idealen Badebedingungen ohne starke Strömung und Brandung. Tagsüber dein persönliches Strandparadies, perfekt zum Chillen, Schwimmen, Sonnenbaden und für Wassersport: Wasser- und Jetski (leider manchmal etwas nervig), Kitesurfing. Boote kann man direkt von den Hotels oder von externen Anbietern leihen. Außerdem im Angebot: Tauchausflüge, Angel- und Segeltouren. Als besonderes Highlight vereint die *Round Table Regatta* jedes Jahr im September (meist am letzten Wochenende) die Insel-High-Society. Auf dieses Event mit Nonstop-Party und Segelsport der Extraklasse freut sich der gesamte Archipel.

Trotz des touristischen Treibens hat sich Beau Vallon auch eine geheimnisvolle Seite bewahrt, und zwar am westlichen Strandabschnitt vor Bel

Was das Meer so zu bieten hat: Fischverkäufer am Strand von Beau Vallon

Ombre: Dies ist der Legende nach eine der Stellen, wo der berüchtigte Freibeuter Olivier Le Vasseur, genannt *La Buse* („Der Bussard"), vor 200 Jahren einen Piratenschatz versteckt haben soll. Hier gibt es sogar eine offizielle Grabungsstelle – schauen erlaubt, betreten strengstens verboten ...

Für den Sundowner und/oder das Abendessen bieten sich die Pizzeria *Baobab (Di–Do 18–21.30, Fr–So 12.30–15, 18–21.30 Uhr | Beau Vallon-Nord | Tel. 4 24 71 67 | €€)* und das kreolisch-italienische Gartenrestaurant *La Perle Noire (Mo–Fr 17.30–21.30, Sa 18.30–20.30 Uhr | Tel. 4 62 02 20 | €€€)* an. Ein kreolisches Buffet kannst du im beliebten, traditionsreichen *Boat House (tgl. 12–15, ab 19.30 Uhr | Tel. 4 24 78 98 | €–€€)* und authentisches Indien-Feeling im *Mahek (tgl. 12–22 Uhr | im Hotel Coral Strand | Tel. 4 29 10 00 | coralstrand.com | €€)* genießen, mit großer Auswahl auch für Vegetarier.

Leckere Takeaways und Streetfood gibt es an der Promenade von Beau Vallon zwischen dem stylishen Restaurant *La Plage (tgl. 11.30–22 Uhr | Tel. 4 62 02 40 | €€–€€€)* und dem Hotel *Coral Strand*. Die kurze Flaniermeile versprüht vom Einbruch der Dämmerung an einen ganz besonderen Charme: magische Sonnenuntergänge gepaart mit Musik hier, Lagerfeuerromantik dort, spontane Partys inklusive. Warum nicht noch ein bisschen weiterschlendern, dann in den Sonnenuntergang schwimmen und anschließend am Strand abhängen? C–D 9–10

INSIDER-TIPP
Give me the Night ...

5 NORTH POINT

Der Nordzipfel Mahés sieht auf den ersten Blick zwar klein aus, hat es aber in sich: Daher am besten einen Mietwagen leihen, von Beau Vallon aus gen Norden gondeln und die nördliche Inselspitze umrunden. Erster Stopp: die Gartenanlage des Hotels *Hilton Seychelles Northolme*. Hier gilt es, einen der seltenen Cannonball-Trees zu bestaunen. Der mysteriöse Kanonenkugelbaum mit seinen riesigen exotischen Blüten und den monströsen Samenbällen ist nicht nur für Gartenfreunde sehenswert – eine echte Rarität im Pflanzenreich und ein Highlight für alle, die auf der Suche nach tollen Fotomotiven sind.

INSIDER-TIPP
Gib dir die Kugel!

Und wolltest du nicht immer schon mal eingebuchtet werden? Dann ab zur geschützten Bucht am *Sunset Beach Hotel*, hier erwartet dich ein wahres Schnorchelparadies! Wenn du immer noch nicht genug von Bilderbuchstränden hast, dann schau dir auch noch die Küstenabschnitte um Macabée und am *Carana Beach Hotel (Anse Étoile)* an. Bei Letzterem lohnt sich ein Stopp schon allein wegen der raffinierten Snacks in cooler Lounge-Atmosphäre; am Wochenende gibt's Livemusik. *D7*

6 NORTH EAST POINT

Nur 5 km weiter südlich, am North East Point, versteckt sich in einem exotischen Anwesen unter palmengedeckten Dächern eine dufte Sache: die Parfümmanufaktur *Kreolfleurage (Mo–Fr 9–17, Sa 9–12 Uhr | kreolfleurage.com)*. Werde zur Spürnase und entdeck die ganze Vielfalt der seychellischen Inselvegetation – z.B. Ylang Ylang, Patchouli, Vanille, Zimt und Nelken, alles zu einzigartigen Duftwässerchen verarbeitet. Schauen und riechen erwünscht, kaufen erst recht! Dagmar Ehlers und ihr Sohn

Gerade noch auszuhalten: Traumstrand am Sunset Beach Hotel in North Point

Daniel Hügelmann freuen sich, dir die vier Aromanoten „Ambre Vert", „Bwanwar", „Takamaka" und „Bambou" hinters Ohrläppchen zu tupfen. Allein schon wegen der bezaubernden Lage der kleinen Fabrik – einen Steinwurf vom Meer entfernt – lohnt sich ein Zwischenstopp. 🕮 E8

7 BERGWELT VON LA GOGUE

Nur ca. 1,5 km weiter gen Süden zweigt am *Manresa Hotel* eine kleine Straße ins Landesinnere ab. Du traust dir zu, mit dem Auto bei Linksverkehr eine enge, bergige und kurvenreiche Route zu meistern? Dann bist du hier richtig und kommst nach 15-minütiger Fahrt zum Stausee *La Gogue*, dem Süßwasserreservoir von Mahé. Danach folgst du der Straße durch spektakulären Tropenwald weiter steil hinauf und schließlich – wow! Von einem kleinen Bergpass hast du atemberaubende Aussichten auf West- und Ostküste gleichzeitig. 🕮 D–E8

MAHÉS SÜDEN

Kurz hinter dem internationalen Flughafen zeigt sich Mahé von seiner ruhigeren Seite – also ab in den Süden!

Deutlich weniger besiedelt als der Norden, bietet die Hauptinsel jenseits der Hauptstadt viel Natur und wenig überlaufene Strände, die ihresgleichen suchen. Ein bisschen scheint hier die Zeit stehengeblieben zu sein, denn viel erinnert hier an die frühe Inselgeschichte.

ZIELE IN MAHÉS SÜDEN

8 VILAZ ARTIZANAL

Für beschauliche Momente empfiehlt es sich, durch das inspirierende Künstlerdorf zu streunen, das fast wie ein kleines Freilichtmuseum wirkt. In den Minimanufakturen darfst du nach Herzenslust nach mitbringselfähigem Kunsthandwerk stöbern. Hungrig geworden? Dann lass dich von authentisch kreolischer Küche im *Maison Marengo (Mo und Mi–Sa 12–22, So 12–17 Uhr | Domaine de Val des Près | Au Cap | Tel. 2 51 08 00 | €€–€€€)* verführen. *Mo–Sa 9.30–17 Uhr | Domaine de Val des Près | Au Cap |* 🕮 H14

9 LA PLAINE ST. ANDRÉ ★

Auf den Spuren der seychellischen Geschichte wandelt es sich am besten auf dem Gelände dieser wiederbelebten Rumdestillerie. Hier wird nicht nur der ebenso kultige wie leckere Taka-

Frische kreolische Küche wird im Bistro des Jardin du Roi serviert

maka-Rum produziert, sondern auch die Kolonialzeit des 18. Jhs. wieder zum Leben erweckt. Genieß es einfach, die Zeit für einen Moment anzuhalten und unter hohen Tropenbäumen durch die alte Pflanzersiedlung zu streunen! Anschließend unbedingt eine Rumdegustation machen oder bei einem Cocktail oder Rum chillen, am besten freitags zum Sundowner (bis 22 Uhr) oder beim Saturday Bazar (9.30–14 Uhr), einem kleinen Markt, auf dem es auch einzigartige Rumgläser aus nachhaltiger Recycling-Produktion zu kaufen gibt. *Au Cap | Mo–Sa 10–16 Uhr | Führungen möglich; wer sich dafür interessiert, sollte am besten vorher kurz anrufen | Tel. 2 52 21 12 |* *H14*

10 ANSE ROYALE

Spätestens am Inselchen Fairyland – dem sprichwörtlichen Märchenland – beginnt der sanft-sinnliche Südosten Mahés. Bevor es an den Strand der „Königsbucht" geht, holst du dir noch ein paar *samousas* im indischen Imbiss von *Kumar & Kumar* fürs Strandpicknick. Bloß nicht hetzen und in der ca. 1,5 km langen Bucht einen längeren Stopp einplanen! Hier reihen sich idyllische Strandabschnitte zum Baden und Schnorcheln aneinander, was vor allem in den Monaten des Nordwestmonsuns eine wahre Freude ist. Wenn du in einer Selbstversorger-Unterkunft Urlaub machst, dann ab in den Ort! Hier liegt das wirtschaftliche Zentrum des Südens: Auf einem größeren Gemüsemarkt häufen sich superleckeres Obst und Südfrüchte, außerdem schillert der Fang des Tages bei den *peser a ter* (Fischhändlern). Krabben frieren mit Garnelen, Muscheln und Co. in den Tiefkühltruhen des exzellenten Fischgeschäfts *FishTech* um die Wette – besonders interessant für all diejenigen, die als Hobbyköche unterwegs sind.

Bist du mit einem Leihwagen on tour, dann unbedingt einen Blick auf die Tanknadel werfen und im Zweifel noch zur Tankstelle fahren – sie ist nämlich die einzige im Südosten Mahés. Wenn dich die Souvenir-Shoppinglust packt, dann sind in kleinen Läden T-Shirts, Schalen aus Holz und Kokos oder Tücher und Taschen zu finden. Nur 150 m weiter erwartet dich mit dem Takeaway *Olé* eines der besten Pizzaangebote im Süden Mahés. Oder doch lieber typische Inselkost? Dann ab ins Restaurant des Hotels *Le Relax (tgl. 8–21.30 Uhr | Tel. 4 38 29 00 | €€)* in schöner Hanglage, wo es ein gutes Sonntagsbüfett gibt, oder ins *Kafe Kreol (tgl. 10–22 Uhr | Tel. 2 60 64 64 | €–€€)* direkt am Wasser. Auf dem kleinen *Anse Royale Market* nach Tropenobst und lokalen, selbst gemachten Knabbereien wie Bananenchips Ausschau halten! Wer als Familie dort einkauft, kann sich mit den Kindern auf dem Spielplatz austoben, der nur 100 m entfernt auf der anderen Straßenseite an der Abzweigung zu Les Canelles liegt. *H15*

11 JARDIN DU ROI ★

Ein spannender Abstecher führt in das Hinterland der Anse Royale, und zwar hinauf auf die Bergstraße nach Les Canelles. Langsam fahren und Augen auf! Nach einigen Hundert Metern kommt man an eine kleine, unscheinbare Straßengabelung mit einem kaum erkennbaren Hinweisschild zum Jardin du Roi – dem königlichen Gewürzgarten. Nur mit etwas Glück schafft man es, auf Anhieb den richtigen Einstieg in die verwunschene Bergwelt der Südküste zu finden. Als Orientierungshilfe mag ein etwas moderner, supermarktähnlicher indischer Laden dienen, bei dem meist ein erleuchtetes „Open" blinkt. Genau da geht es links ab, dann kurze Zeit später in einer versteckten Hofeinfahrt wieder nach rechts. Hier hängt dann auch tatsächlich ein Schild und weist den Weg nach oben, der sich dann steil in die bewaldeten Hänge schraubt. Oben angekommen, öffnet sich eine eigene kleine Welt! Alte Anwesen kuscheln sich unter ein mächtiges grünes Dach, das zu kleinen Wanderungen unter Bambus, Muskat- und Zimtbäumen einlädt. Viel Zeit kann man hier bei ausgedehnten Streifzügen durch das Grün verbringen.

Wer danach einen Energieschub braucht, kehrt im luftig-kolonialen *Bistro (Mittagessen bis ca. 15 Uhr | €€–€€€)* des Gartens ein. Wer nur das Restaurant besuchen will und keinen Rundgang durch den Garten plant, braucht übrigens keinen Eintritt zu zahlen. Eine außergewöhnliche Erfrischung im Bistro ist die *salade jardinière:* eine süß-säuerliche Komposition aus frischen Früchten wie Jamalak, Mango oder Golden Apple. Madame Georges, die von einer der ersten weißen Siedlerfamilien abstammt, kocht mit ihrem Team noch genau so wie ihre Vorfahren. Die Portionen sind allerdings relativ klein und die Preise ziemlich gesalzen. Doch alles in allem lohnt sich dieser nostalgische Gaumentraum. Wer sich traut, fragt die Bedienung nach einem kleinen „Versucherle", nämlich nach *ladob* – in Kokosmilch geschmorte Brotfrucht. Das gibt es manchmal sogar als Kostprobe gratis on top. *Domaine de l'Enforcement | Les Canelles | Anse Royale | tgl. 10–17 Uhr | Eintritt für die Pflanzungen 150 SCR | G16*

INSIDER-TIPP
Frischekick aus dem Garten

12 ANSE PARNEL

Ca. 4 km südöstlich von Les Canelles/ Anse Royale garantiert die Anse Parnel einen hohen Relaxfaktor. Die kleine, malerische Bucht ist zwar manchmal von etwas Seegrasdeko bedeckt, bietet aber Gelegenheit zu Strandspaziergängen und beste Bademöglichkeiten – eine perfekte Mischung. Mehr als nur relaxtes Füße-in-den-Sand-Feeling gibt's im *Surfers Beach Restaurant (Mi–Mo 12–22 Uhr | South East Coast Road | Tel. 4 37 47 67 | surfers-beach-restaurant.business.site | €–€€),* das mit guter Inselküche zu fairen Preisen punktet, vor allem aber mit seinem Ambiente:

INSIDER-TIPP
Die perfekte Welle

das ewige Rauschen des Meeres, dekorative Schaumkronen und hervorragende Bedingungen zum Wellenreiten. Das macht hungrig auf die leckeren kreolischen Gerichte. Die Devise lautet: satt essen ja, sattsehen nie! Denn schöner könnte der schnuckelige weiße Strand mit seiner Fototapetenkulisse und den sanft geschwungenen Palmen gar nicht sein. Aus den Liegen unterhalb des Strandbistros würde man am liebsten gar nicht mehr aufstehen ... *H16–17*

13 ANSE FORBANS

Kurz vor der Südspitze Mahés liegt diese fotogene ehemalige Piratenbucht. Aber mach dir keine falschen Hoffnungen: Goldmünzen und Edelsteine sind hier nirgends verbuddelt! Stattdessen glitzert das Wasser, eingerahmt von herrlichen Granitformationen. Wenn du dennoch auf Schatzsuche gehen willst, folgt die Rache mit Pech auf dem Fuß – im wahrsten Sinn des Wortes. Denn in genau den könnten sich die nervigen Stacheln der Seeigel hineinbohren, die sich zwischen den Steinen und Korallen

verstecken. Du erkennst sie im kristallklaren Wasser aber leicht als schwarze Nadelbälle am Meeresgrund. Und noch eine Gefahr lauert: In den Monaten des Südostmonsuns kann das eigentlich friedliche Meer verrückt spielen, bitte hab Respekt vor Wellen und Strömungen! *H17*

14 ANSE MARIE LOUISE

Bei diesem Ziel geht es um mehr, als sich nur mal eben die Beine zu vertreten. Just an der Stelle, wo die Küstenstraße in einer scharfen Kurve ins Landesinnere abknickt, findest du eine kleine Wegabzweigung, der du folgst. Ohne Mühen gelangst du nach ca. 15 Minuten über einen Trampelpfad an die abgeschiedene Bucht, an der du wahrscheinlich völlig allein sein wirst. Hier herrscht paradiesische Einsamkeit! *H17*

Wildromantisch, einsam: die Anse Forbans im Süden von Mahé

15 ANSE CACHÉE

Von der Straße, die die Südspitze der Insel bei Quatre Bornes quert, geht es links ab Richtung Anse Intendance und noch mal links zur Anse Cachée. Es scheint, als sei hier der sprichwörtliche Hund begraben, zumal die Straße irgendwann im Niemandsland endet, genauer gesagt, im militärischen Sperrgebiet. Doch die Strände hier suchen ihresgleichen – eine faszinierende Mischung aus hart und zart. Such dir einen schattigen Platz unter Palmen, schalt ab und lass den Alltag weit hinter dir. *G18*

16 ANSE INTENDANCE ★

Hier, im tiefen Süden Mahés, erlebst du die Seychellen sozusagen ohne Filter: fast unzugängliche Buchten, ein urwüchsiger Menschenschlag und unverfälschte Natur. Einen echten Bilderbuchkitsch-Overkill hält vor allem der Postkartenstrand der Anse Intendance an der Westküste bereit. Aber Achtung: Meterhohe Brecher und starke Strömungen sind an der Tagesordnung, und die Warn- bzw. Verbotsschilder sind unbedingt ernst zu nehmen!

Eine Abkühlung an Land gefällig? In unmittelbarer Nähe zum Parkplatz findet sich unter Palmen eine kleine Strandbar. An diesem Fleckchen Erde herrscht ewiger Sommer – setz dich in der „Summer Bar" einfach auf einen Palmstumpf und schlürf einen tropischen Drink! *G17*

INSIDER-TIPP
Strand? Gut!

17 ANSE TAKAMAKA

Der wilde Südwesten beginnt am Fuß des Dörfchens Quatre Bornes – wer's nicht glaubt, der wird spätestens bei einer Fahrt auf der Küstenstraße angesichts steiler Felswände und abfallender Klippen eines Besseren belehrt. Baden geht an der Bucht dennoch, aber bei Ebbe besteht Schürfwundengefahr durch scharfkantiges Korallengestein. Im Restaurant *Chez Batista (Mo–Sa 12.30–19.30, So 13–15, 16–17.45 Uhr | Tel. 4 36 63 00 | chezbatista.com | €€)* hast du alle Zeit der Welt für das Beste aus den kreolischen Kochtöpfen – je nach Tagesform manchmal nur ganz ordentlich, meist aber hervorragend, also genauso wie die gesamte Location direkt am Wasser. *F–G17*

18 BAIE LAZARE

Willkommen in der Bastlerbucht und an der Kreativküste! Du bist nicht so der Kunstfreak? Das macht nichts, denn es geht hier um mehr als nur um Bilder und Plastiken. Die Schauplätze und die Künstler selbst sind das Spannende: Der Bildhauer Antonio Filippin z.B. hat hier sein Domizil in den Felsen neben dem bizarr-rustikalen *Maria's Rock-Café (Mo–Sa 12–21 Uhr | Anse du Gouvernement | Tel. 4 36 18 12 | €–€€)*, genauso wie Donald Adelaide, dessen Atelier nur wenige Steinwürfe von hier hinter der Polizeistation von Baie Lazare liegt. Seine Werke finden sich auch in Totos *Lazare Souvenir Museum Gallery (Di–Sa 9–18 Uhr)*. Die Bezeichnung Museum und Kunstgalerie führt etwas in die Irre, denn eigentlich ist Totos Laden eine Wunderkammer. Zwischen Antiquitäten aus der guten alten Inselzeit finden sich skurrile Fundstücke, Gemälde und Bastelarbeiten aus Kokos und Palmwedeln, witzige T-Shirts. Zu seinen originellen Sammlerstücken,

INSIDER-TIPP
Tratsch und Trödel

Villa Chez Batista: Das kleine Hotel lebt von seiner Traumlage am Traumstrand

die er natürlich auch verkauft, gibt der leutselige Toto nur zu gern unterhaltsame Auskünfte. F16

19 PETITE ANSE

In unmittelbarer Nachbarschaft liegt die Petite Anse („Kleine Bucht"), die vor allem deshalb erwähnenswert ist, weil sich hier mit dem *Club Liberté Casino (tgl. 12–24 Uhr | Tel. 2 60 54 62 | casino-liberte.com)* nicht weit vom Four Seasons Hotel ein echter Hotspot des Nachtlebens findet. Letzteres nimmt sich auf der Insel sonst nämlich vergleichsweise bescheiden aus und findet meist in Form von Folklore-Events in den größeren Hotels statt. Deshalb lohnt ein Besuch in der coolen Bar mit Livemusik am Wochenende oder zum Essen im stylish-edlen *5 Spices Restaurant (tgl. 18–24 Uhr | Tel. 2 60 54 62 | €€€)*, wo es das mit Abstand beste Sushi von ganz Mahé gibt – frischester Seychellen-Fisch mit internationalem bzw. japanischem Flair! Die tollen Rollen werden als große Portionen zu vergleichsweise fairen Preisen serviert. E16

INSIDER-TIPP
Total von der Rolle

20 ANSE SOLEIL

In der angrenzenden Anse Soleil („Sonnenbucht") musst du unbedingt den kreativen Textil- und Aquarellkünstler Andrew Gee *(Anse Soleil | Tel. 2 71 26 77 | maisonsoleil.info)* besuchen. Danach wäre eine Erfrischung angebracht? Dann ist vielleicht das herrlich direkt am Schwimm- und Schnorchelstrand (du hast hoffentlich deine Badesachen dabei ...) liegende *Anse Soleil Café (tgl. 12–17.30 Uhr | neben dem Anse Soleil Beachcomber Hotel | Tel. 4 36 63 00 | €€–€€€)* eine Alternative – allerdings nur dann, wenn du gewillt bist, dich nicht von dem bisweilen sehr launischen Wirt Julien nerven zu lassen. Deutlich freundlicher geht's im Bistro *MJ (tgl. | €)* zu. Es liegt an der Hauptstraße gegenüber von der Bushaltestelle, hieß früher *Splash-Café* und wurde eine Zeit lang von der Schwester von Tom Hanks geführt. E15

21 ANSE AUX POULES BLEUES

In der „Bucht der blauen Hühner" residiert der Altmeister und berühmteste aller Inselkünstler, der Maler Michael Adams. Er – ein kauzig-liebenswürdiger Mann unter Obhut von seiner charmanten Gattin Heather, zig Katzen und etlichen Hühnern – wird gern etwas vollmundig als der „Gauguin der Seychellen" bezeichnet. Aber allein das Anwesen und die *Galerie (Mo–Fr 10–16, Sa 10–12 Uhr | Tel. 4 36 10 06 | michaeladamsart.com)* sind schon einen Besuch wert, weil alles so herrlich verschroben ist, eben so, wie man sich das fantasievolle Atelier eines skurrilen Künstlers in den Tropen vorstellt. Mindestens genauso bunt geht es nur eine Hofeinfahrt weiter zu – im *Pineapple Studio (Mo–Sa 9–17 Uhr | Tel. 4 36 12 30)*. Hier biegen sich die Regale unter den originellsten T-Shirts der Seychellen – eine Riesenauswahl an witzigen Designs für Groß und Klein. Also Augen zu und Kreditkarte durch! F15

INSIDER-TIPP
Kann denn shoppen Sünde sein?

Botanischer Wanderweg in wunderbarer Landschaft: der Vacoa Trail

22 ANSE À LA MOUCHE

Wer eine Bilderbuchstrandkulisse mit tropischen Palmen und weißem Sand vom Wasser aus genießen möchte, sollte zwischen 17 und 18 Uhr im flachen Wasser jenseits der Küstenstraße planschen. Die Sonnenuntergänge hier sind filmreif, wenn nicht sogar oscarverdächtig! Da kommt es doch gerade recht, dass im *Anchor Café (Di–Sa 12–21 Uhr | Tel. 4 37 12 89 | €€)* um die Ecke coole Cocktails zum Sundowner gemixt werden – in origineller maritimer Atmosphäre, in der ein riesiger alter Anker natürlich nicht fehlt. Zum grandiosen Blick auf die Bucht passt nichts besser als Blackened Fish – die Spezialität des Hauses, würzig, tropisch, lecker. Der Fisch wird bei hoher Temperatur gegart – so bildet sich eine schwarze Kruste, die das Innere schön zart hält. *F15*

23 GRAND' ANSE

In dieser wildromantischen Bucht solltest du unbedingt mal eine ausgedehnte Strandwanderung in den Sonnenuntergang unternehmen! Automatisch legt man ein Schweigegelübde ab, so laut und heftig tost hier das Meer an der Westküste. Nur bitte hier nicht ins Wasser gehen: Die Warnschilder „Baden verboten – heftige Brandung und lebensgefährliche Strömung" stehen nicht umsonst da. Stattdessen lohnt sich ein kleiner Abstecher ans südliche Ende der Grand' Anse: Hier schlängelt sich kurz vor dem *Avani Hotel* ein kleiner Urwaldpfad, der *Vacoa Trail,* durch wildes Tropengewächs. Interessierst du dich für diese spezielle Vegetation, dann kannst du hier wunderschöne Exemplare der *vacoa* (Pandan- bzw. Schraubenpalme) bestaunen. *D12*

INSEL VOR MAHÉ

24 FRÉGATE

1½–2 Std. mit dem Schiff

Was einst für Freibeuter als Unterschlupf und Versteck für ihre Schätze diente, ist heute ein Schmuckkästchen des Seychellen-Tourismus. In den 1990er-Jahren kam ein Schweizer auf die gewinnbringende Idee, hier ein Resort *(Frégate Island Private | wegen Renovierungsarbeiten bis 2025 geschl. | fregate.com | €€€)* zu errichten. Und wenn ein Eidgenosse etwas in die Hand nimmt, dann kommt am Ende Qualität dabei heraus. Noch Fragen? Vielleicht nur eine einzige: Was ist das Besondere an diesem gerade mal 2 km² großen Granitinselchen? Ganz einfach: Ein Urlaub hier ist die Vorstufe zum Himmel – man fühlt sich so frei wie die hier beheimateten majestätischen Fregattvögel, nach denen die Insel benannt ist.

Nebenbei ist die Insel ein einzigartiges Freiluftrestaurant, wo an jeder x-beliebigen Stelle diniert werden kann – egal ob auf einem Felsen, unter Palmen oder am Strand. Versteht sich, dass in einem so exquisiten Ambiente Feinschmeckergerichte auf Sterneküchenniveau serviert werden. Rundherum verteilen sich 16 luxuriöse Chalets weitläufig über die Insel. Sie sind nicht nur sehr geräumig (300–500 m²), sondern verfügen auch über eigene Pools, falls dir die sieben Strände mal zu langweilig werden. Das hat natürlich alles seinen Preis – bei 4000 Euro pro Nacht geht's los … Wer sich sportlich betätigen möchte: Ein 11 km langes Netz aus kleinen Dschungelpfaden überzieht die Insel, die zu Fuß oder mit dem Mountainbike erkundet werden können. Wen es aufs Wasser zieht, der darf zwischen verschiedenen Boots- und Schiffstypen bzw. -touren inklusive Hochseefischen wählen. Außerdem stehen Segel-, Surf- und Kajakausrüstung zur Verfügung. Tauchnarren kommen beim *Scuba Diving* sowohl tags als auch nachts auf ihre Kosten. *G–H 4–5*

SCHÖNER SCHLAFEN AUF MAHÉ

AUSSICHT UND MEHR

Hoch über der Anse Takamaka schweben die vier Self-Catering-Bungalows *Anse Takamaka View (Tel. 2 51 00 07 | atv.sc | €€)*, geführt von Roland, der am Pool bei Sonnenuntergang tolle Barbecues für seine Gäste zelebriert. In das Apartment „Papaya" ist ein Granitblock integriert, der sich seit Jahrmillionen an dieser Stelle befindet.

MITTEN INS HERZ

Das einzige Boutiquehotel der Inseln liegt im Zentrum von Victoria, auf dem Hügel oberhalb des Traditionsrestaurants *Marie Antoinette*. Das *Hilltop Boutique Hotel (Serret Road | St. Louis | Victoria | Tel. 4 26 60 99 | hilltop.sc | €€)* ist perfekt für alle, die sich länger in der Hauptstadt aufhalten und zu Fuß unterwegs sein möchten.

PRASLIN & LA DIGUE

POSTKARTENPANORAMEN GARANTIERT!

Riesenpalmen, Riesennüsse, Riesenfelsen – so wie sie in Reisekatalogen, auf Kalenderblättern und Fototapeten zu finden sind. Dazu immer wieder Strände der Superlative, von wild und wellig bis weich und sanft.

Praslin und La Digue, nur gut eine Stunde mit der Fähre von Mahé entfernt, sind zwar deutlich kleiner als die Hauptinsel, punkten aber mit aufregenden Attraktionen, die es so nirgendwo sonst auf dem Archipel zu bestaunen gibt. Der Grund: Granit paart sich mit feins-

Manchmal übertrifft die Wirklichkeit das Postkartenidyll: Anse La Source à Jean, La Digue

tem Sand und üppiger Vegetation auf kleinstem Raum – ein Tropentraum de luxe! Eigentlich sind die zwei Inseln für einen Tagesausflug von Mahé fast zu schade, machbar ist es aber allemal, vor allem, wenn man auf Praslin mit einem Leihwagen und auf La Digue mit dem Fahrrad unterwegs ist. Ihre wahre Schönheit und ihre unterschiedlichen Charaktere entfalten die Inseln aber nur, wenn man auf ihnen übernachtet. Wenn abends die Tagestouristen abgezogen sind, wird die besondere Atmosphäre spürbar.

PRASLIN & LA DIGUE

MARCO POLO HIGHLIGHTS

★ VALLÉE DE MAI
Die Wiege der sagenumwobenen Riesennuss Coco de Mer: Urwaldfeeling mit Jurassic-Park-Atmosphäre im Herzen von Praslin ➤ S. 65

★ ANSE LAZIO
Der Bilderbuchstrand von Praslin – genau so, wie es das Seychellenklischee verlangt: Sand vom Allerfeinsten, Palmen, Granit und endloses Türkis ➤ S. 67

★ ANSE GEORGETTE
Geschickt versteckt: Die Bucht auf Praslin ist eine scheue Schönheit, die erwandert werden will ➤ S. 67

★ L'UNION ESTATE
Kokospalmenhaine, Vanilleplantagen, eine Ölmühle – im idyllischsten Winkel von La Digue in das seychellische Landleben eintauchen ➤ S. 73

★ ANSE SOURCE D'ARGENT
Nicht nur der Vorzeigestrand von La Digue, sondern das Aushängeschild der gesamten seychellischen Inselwelt ➤ S. 74

★ GRAND' ANSE
Die Grande Dame von La Digue – weitläufige Bucht und wildes Strandparadies für Wellenliebhaber ➤ S. 75

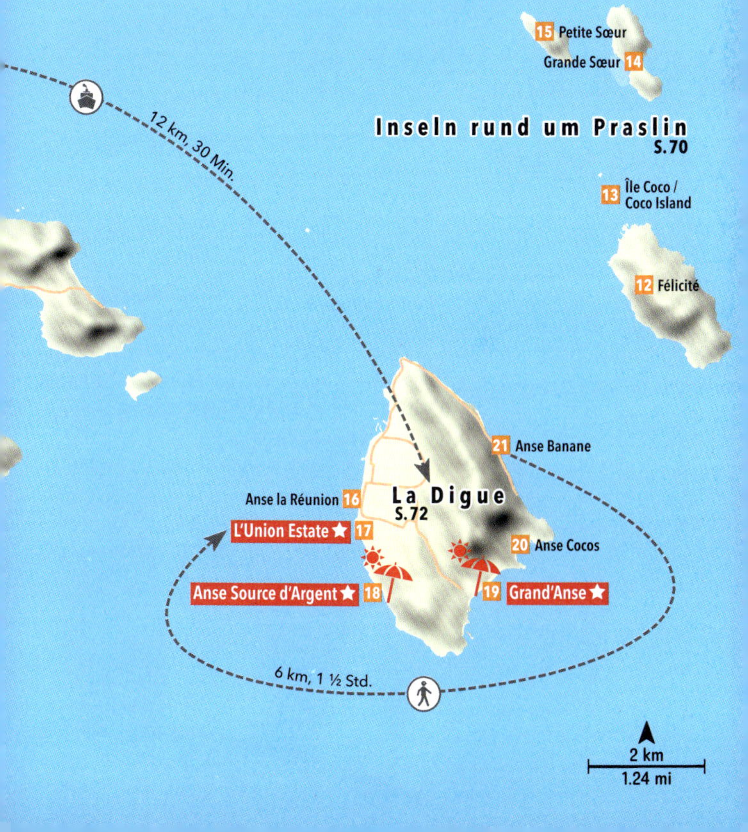

Verwunschener Tropenwald und wildes Wasser im Naturpark Vallée de Mai

PRASLIN

L-Q 4-7 **Wer nicht unter dem immergrünen Dach der mystischen Coco-de-Mer-Palmen gewandelt ist, wer nicht selbst einmal eine dieser sagenumwobenen Riesennüsse in den Händen gehalten hat, der war nicht auf den Seychellen. Deshalb auf nach Praslin!**

Mit 12 km Länge und maximal 5 km Breite scheint Praslin eigentlich recht klein, ist aber doch immerhin die zweitgrößte Insel des Archipels. Und hier dreht sich alles nur um die Nuss! Warum? Weil sie eine Nuss der Superlative ist und weil sie die schönsten Pobacken der Welt symbolisiert. Denn genauso sieht sie aus, die Coco de Mer, wie ein aufreizender weiblicher Unterleib. „Sex sells", das war schon immer so, und so zieht die Heimat der Meganuss – das *Vallée de Mai* – täglich mehrere Hundert Besucher an. Die Herkunft der Bezeichnung „Maiental" ist übrigens genauso ungeklärt wie der Ursprung der Nuss selbst. Im 17. Jh. hielt sich hartnäckig der Aberglaube, dass die bis zu 60 cm große Nuss von einem sagenumwobenen Unterwasserbaum stammen müsse. Schließlich waren einige Exemplare am Strand von Mahé von den Wellen angeschwemmt worden. Aus dieser Zeit stammt der Name *Coco de Mer* („Meeres-Kokosnuss") Zunächst ging die Entdeckung der Coco de Mer auf das Konto der Araber. Die aber sollen den Fundort geheim gehalten haben; so hielten sich die Mythen um die mächtige Nuss hartnäckig, was die

Preise in schwindelnde Höhen steigen ließ. Die französischen Siedler, die sich ab dem 18. Jh. auf den Seychellen niederließen, waren es schließlich, die allen Gerüchten ein Ende bereiteten. Sie entdeckten ganze Wälder von Coco-de-Mer-Palmen auf Praslin, auch einige vereinzelte Exemplare auf der vorgelagerten Insel Curieuse. Leider haben wir es ihnen aber auch zu verdanken, dass diese Palmenart fast völlig ausgerottet wurde. Ein schwunghafter Handel mit den Nüssen, für die die Herrscher in der damaligen Zeit ein Vermögen ausgaben, setzte ein, und so war die natürliche Fortpflanzung gefährdet.

Heute stehen die Coco-de-Mer-Palmen unter strengem Naturschutz. Maximal 3000 Nüsse dürfen jährlich geerntet werden, so sieht es das staatliche Reglement für das Vallée de Mai vor, das mit dem Prädikat Unesco-Welterbe geadelt wurde. Der Verkauf der Nüsse wird streng überwacht. Sie müssen einzeln registriert werden, darüber hinaus einen offiziellen Stempel mit Prüfnummer tragen. Auf diese Weise können auch Schmuggler überführt werden.

Zehn bis 30 Jahre dauert es, bis die Coco de Mer das erste Mal – so sie denn weiblich ist – Früchte tragen kann. Ihr Partner, die männliche Pflanze, sorgt mit ihren riesigen penisähnlichen, braun-gelben Samenkolben für die Fortpflanzung. Sie fallen nach der Reifezeit zu Boden, platzen auf und sorgen dann für die Befruchtung. Daraus keimt ein kleiner Sprössling, der zunächst über den Boden „kriecht", um unterirdischen Halt zu finden. Danach braucht die junge Coco-de-Mer-Palme Zeit – viel Zeit – ganze sieben Jahre, bis sie keimt. Die Seychellois glauben zu wissen, dass die Pflanzen ein ganzes Jahrhundert überdauern können. Manche behaupten, sie könnten gar 1000 Jahre alt werden. Die Nüsse, die bis zu 25 kg schwer werden, lassen sich natürlich nicht so einfach transportieren, schon gar nicht im Reisegepäck! Für Souvenirzwecke werden sie geschickt präpariert, indem sie aufgesägt, ausgehöhlt, um ihren Inhalt erleichtert und dann wieder zusammengeklebt werden. Entweder werden sie anschließend lackiert, oder sie bleiben ganz natürlich – die schönste Variante. Kleine Riefen und Runzeln, Fasern und Flaum verleihen ihr dann einen ganz eigenen Charakter, vor allem da, wo sich die Scham vermuten lässt …

ZIELE AUF PRASLIN

1 VALLÉE DE MAI ★ ☂

Etwa 6000 Exemplare der nur auf den Seychellen beheimateten Coco-de-Mer-Palme wirken wie die perfekte Kulisse für einen Fantasyfilm oder eine Doku über Dinosaurier. Auf gut ausgeschilderten Rundwanderwegen (Länge 1 bis 3 Std.), für die Flipflops eher ungeeignet sind, lässt sich dieses irreale Naturschauspiel entweder allein mithilfe eines Faltplans oder zusammen mit einem Führer erkunden. Der erzählt dir dann auch Details, die mit dem bloßen Auge nicht erkennbar sind, z. B. dass es hier weitere botanische Wunder zu sehen gibt, wie etwa seltene Schnecken, eigenartige Echsen und Miniaturfrösche. Kurz hinter dem Ein-/Ausgangstor liegen allerschönste Nussexemplare zum Fotografieren bereit: Spätestens jetzt wird klar, warum der Spitzname „Popo de Mer" lautet. Logisch, dass es selbst hier gendermäßig korrekt zugeht. Männliche Palmsamen erschrecken, weil sie aussehen wie Monsterpenisse. *Zwischen Baie Ste. Anne und Grand' Anse | tgl. 9–16, letzter Einlass 15 Uhr | 450 SCR, online 410 SCR | sif.sc/sfw/tickets/purchase | 2 Std. | 06*

2 FOND FERDINAND

Sozusagen der kleine Bruder des Vallée de Mai. Weniger touristisch und billiger obendrein. Aus einer alten Plantage ist ein wahres Naturidyll entstanden, das für die Liebhaber der Coco de Mer zugänglich ist. Ungefähr 6000 Exemplare der Palme haben hier auf einer Fläche von ca. 120 ha ihr Zuhause. Mittendrin schlängeln sich zahlreiche steile Treppen über ausgewaschene rote Erde in heiße Höhen. Das Ziel: ein Aussichtspunkt mit atemberaubendem Blick auf die üppige Tropenvegetation und die malerische Küste von Praslin. Unbedingt Sonnenschutz und Getränke mitnehmen! Weitere verborgene Geheimnisse der Tier- und Pflanzenwelt erwanderst du dir am besten mit einem einheimischen Guide, dessen Dienste im Eintrittspreis enthalten sind. *Anse Marie Louise | Führungen Mo–Fr 9.30–13, Sa/So 9.30–11.30 Uhr | 300 SCR, online 270 SCR | sif.sc/sfw/tickets/purchase | 2 Std. | P7*

INSIDER-TIPP
Immer den Überblick behalten!

3 GRAND' ANSE

Wie der Name schon sagt: einfach grandios – vor allem am Abend! Furiose Sonnenuntergänge tauchen diesen Küstenabschnitt im Osten Praslins in magisches Licht. Auch wenn die Landschaft hier tagsüber zuweilen fast langweilig wirkt: Der flache Strand lädt vor allem in der magischen Blauen Stunde (17.30–18.30 Uhr) zum Verweilen ein und fordert zum Planschen im Abendlicht auf.

Danach geht's auf einen Sundowner und zum Essen ins *Les Rochers (Di–Sa 12.30–22 Uhr | Tel. 2 51 40 34 | €€€)*, eine traumhafte Toplocation in einem geschmackvollen, palmblattgedeckten Holzhaus direkt am Meer. Hier gibt's nur 30 Plätze, daher unbedingt vorab reservieren! Diniert wird entweder am Strand oder auf einer kolonialen Veranda. Am Abend sind die Palmen und Felsen in magisches Licht getaucht – eine unwirklich-schöne Kulisse, genauso zauberhaft wie das Essen, das jedes Gourmetherz höherschlagen lässt! Uralte, traditionsreiche Seychellengerichte werden aufregend modern interpretiert. Ein Fest für alle Sinne!

INSIDER-TIPP
Felsen-Fest!

Noch zwei Shoppingtipps für die Grand' Anse: In der *Virgin Coconut Oil Factory (Mo–Sa 9.30–18 Uhr | Tel. 2 52 00 74)* gibt es Kokosöl, das flüssige Gold der Seychellen, in allen Varianten für die Küche wie für Haut und Haar. In der kleinen Manufaktur kann man nicht nur schnuppern, verkosten und kaufen, man erfährt bei einer Besichtigung auch alles Wissenswerte rund um die Kokosnuss und ihr Öl –

Lazy an der Anse Lazio – einfach mal den Tag verträumen, mit Blick auf den Ozean

damit es läuft wie geschmiert. „Black is beautiful!" heißt es bei *Black Pearl Seychelles (am Flughafen | Mo–Fr 9–16, Sa 9–12 Uhr | geführte Touren durch die Perlenzuchtfarm 50 SCR | Tel. 4 23 31 50 | blackpearlseychelles.com).* Der erlesene Schmuck aus schwarzen Perlen hat allerdings seinen Preis. M–N6

4 ANSE GEORGETTE ★

Verstecktes Strandjuwel mit Hindernissen. Nur zu Fuß gelangt man in die wundervoll einsame Bucht im Norden Praslins. Der Weg dorthin ist mit einigen Handicaps gepflastert – nicht nur, weil man das Gelände des Hotelresorts *Constance Lemuria* mit seinem 18-Loch-Golfplatz durchqueren muss, sondern auch weil eine Anmeldung dort zwingend erforderlich ist. Nur eine bestimmte Anzahl an Tagesgästen erhält das Privileg, durch üppigen Dschungel an einen Strand zu wandern, der seinesgleichen sucht. Wer gewillt ist, diese etwas umständliche Prozedur auf sich zu nehmen, wird mit allerschönsten Fotomotiven und traumhaften Stunden am Wasser belohnt. *Auskunft und Anmeldung direkt über das Hotel Constance Lemuria | Anse Kerlan | Tel. 4 28 12 81 | constancehotels.com |* L4

5 ANSE LAZIO ★

Perfekte Kombination aus allerweißestem Sand und türkis schimmerndem Meer, das von zwei hohen Granitufern umarmt wird. In den Monaten des Nordwestmonsuns (Mitte Okt.–Mitte Mai) ist das Baden allerdings alles andere als entspannend, denn heftige Wellen wirbeln dann alles durcheinander. Angenehmer ist es in der restlichen Zeit. Eine andere Gefahr ist mittlerweile gebannt: Nachdem 2011 zwei Badegäste Opfer von Haien geworden waren, wurde ein Haiabwehrnetz installiert, das den Schwimmteil der Bucht abtrennt. Seitdem ist nichts mehr passiert.

Wer mit dem Bus auf Praslin unterwegs ist, steigt an der Endstation *(Guesthouse Manoir)* aus und muss die letzten ca. 1,5 km zu Fuß an den Strand laufen. Mit dem Leihwagen geht es einfacher, denn direkt am Wasser gibt es einen Parkplatz. Leider ist der Strand vor allem zur Hochsaison der Kreuzfahrtschiffe (Nov.–März) alles andere als eine scheue Schönheit und platzt vor allem dann aus allen Nähten, wenn die Busse der Reiseveranstalter ihre Besucher ankarren und gleichzeitig Hochwasser herrscht. Dann bleibt nur noch wenig Platz am schmalen Strandstreifen. Fotos, die zu dieser Zeit entstehen, taugen nicht als Traumstrandbeweis für die Daheimgebliebenen.

Eine kulinarische Pause vom Strandleben gefällig? Dann ab in eines der beiden Restaurants! Der Klassiker im neuen Gewand ist das *Mabuya Beach Restaurant, das ehemalige Bonbon Plume (tgl. 8–18 Uhr | Tel. 4 30 36 90 | €€).* Das Angebot bleibt gleich: Auf den Teller kommen leichte, leckere Gerichte wie z. B. Salate und Spezialitäten aus dem Meer – und mehr. Typisch kreolisch eben. Ein einfaches Strandbistro mit einem Hauch von Kantinencharakter ist das *Chevalier Bay (tgl. 9–22 Uhr | Tel. 4 23 23 22 | lechevalierbay.com | €–€€),* das aber mit ordentlichen Portionen, raffinierten Snacks und originellen Sandwiches punktet. Unbedingt probieren: Oktopusburger! *M4*

6 ANSE POSSESSION

Wer will nicht schon gern besitzergreifend werden, wenn es um eine Insel geht? Genau das dachte sich 1768 Herr Dufresne auch, als er in dieser kleinen Bucht den *Pierre de Possession* („Stein der Besitzergreifung") aufstellte. Damals wie heute besticht die weit geschwungene Bucht mit feinem Sand und seichtem Wasser – ideal zum Spazierengehen, Sonnenbaden und Planschen, gerade für Kleinkinder, da es auch genügend Schattenplätze gibt. Paradiesische Motive für Urlaubsschnappschüsse sind – dank des Panoramablicks auf die vorgelagerte Insel Curieuse sowie dank fotogener Palmen-, Granit- und Treibholzformationen – garantiert. Oft sind auch einheimische Fischer zwischen Riff und Strand bei der Arbeit zu beobachten. Einziger Nachteil: Bei Wind (insbesondere bei Nordwestmonsun) kann angeschwemmtes Seegras ganz schön nerven. *N5*

7 CÔTE D'OR

Oh doch, es ist alles Gold, was glänzt! Dieser 4 km lange Strandabschnitt an der Nordostküste Praslins ist ein einziges Schmuckkästchen, nicht nur was die Unterkünfte anbelangt: Von exklusiven 5-Sterne-Hotels der Oberklasse bis zu Guesthouses unterschiedlichster Kategorien ist alles vorhanden. Und das hat seinen Grund. Denn die Hauptbuchten der Côte d'Or – die Anse Gouvernement und die Anse

Volbert – warten auf mit wunderbaren Möglichkeiten zum Baden, Strandwandern und Genießen, sei es im *Pirogue Restaurant & Bar (tgl. 8–22 Uhr | Anse Volbert | Tel. 4 23 66 77 | €€)* oder bei einem feinen Gourmetmahl im *Café des Arts (tgl. 12–21.30 Uhr | Anse Volbert | Tel. 4 23 21 70 | leduc-seychelles.com | €€–€€€)*, dem Restaurant des Hotels Le Duc de Praslin. O-P 5-6

SPORT & SPASS

TAUCHEN

Ein gutes Dutzend Hotspots zum Tauchen liegen nur 2 km entfernt vor der Côte d'Or und sind in ca. 15 Min. mit dem Boot zu erreichen. Der bekannteste ist das Mini-Unterwasserparadies rund um das Inselchen St. Pierre, das wie ein übergroßer Steinhaufen aus dem kristallklaren Wasser ragt, in dem sich Karettschildkröten, Weißspitzenhaie und bunte Tropenfische tummeln. Anfänger wenden sich an das Tauchcenter *Praslin ProDivers (Hotel L'Archipel | Anse Gouvernement | Tel. 2 57 11 37 | praslinprodivers.com)*. Tauchausflüge organisieren *Whitetip Divers (Paradise Sun Hotel | Anse Volbert | Tel. 2 51 42 82 | whitetipdivers.com)* oder das *Octopus Diving Center (Anse Volbert | Tel. 2 59 64 36 | Facebook: octopus.seychelles)*.

GOLF

Kenner sind sich einig: der 18-Loch-Golfplatz direkt am Hotel *Constance Lemuria* gehört zu den schönsten Fleckchen der Erde, an denen man golfen kann *(Hotel Constance Lémuria | Anse Kerlan | Greenfee für Nicht-Hotelgäste 2180 SCR | Tel. 4 28 12 81 | constancehotels.com)*.

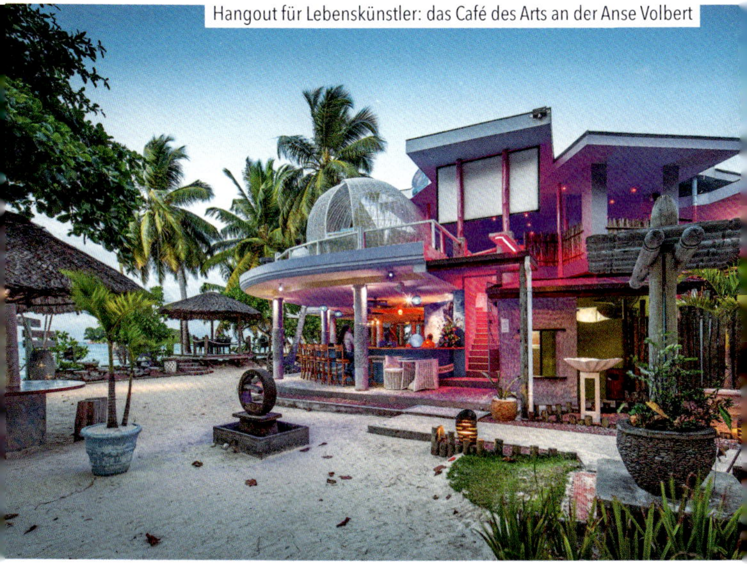

Hangout für Lebenskünstler: das Café des Arts an der Anse Volbert

INSELN RUND UM PRASLIN

8 COUSIN

Tagestouren (Boot) von Praslin

So einen netten Verwandten hat man gern! Das Inselchen liegt vor der Westküste Praslins, nur ca. 30 ha groß. Klein, aber fein: So wie die Insel, so das Naturschutzgebiet, das der WWF hier für bedrohte Vogelarten betreibt. Seltene Karettschildkröten legen am Strand ihre Eier ab. Und es soll hier mehr Geckos geben als sonstwo auf der Welt *(Mo–Fr 9.30–12.30 Uhr | cousinisland.net)*. 🕮 K6

9 COUSINE

Nur für Gäste des Resorts zugänglich

Wo ein Cousin, da ist die Cousine nicht weit. Die mag's aber lieber privat. Sie beherbergt ein exquisites Resort *(€€€)*, in dem man einen vierstelligen Eurobetrag pro Nacht hinblättern muss, will man nicht nur einen Wahnsinnsstrand für sich (fast) allein haben, sondern auch noch dem Gesang der Seychellenschamadrossel lauschen *(cousineisland.com)*. 🕮 J-K7

10 ARIDE

Halb- oder Ganztagsausflug mit dem Boot von Praslin

Die Trockene – so die Übersetzung des Namens. Doch das nur ca. 70 ha große Graniteiland ist alles andere als ausgedörrt, besitzt es doch eine saftige Tropenvegetation. Hier gedeihen u.a. die wilde Vanille und die duftende *Wright's Gardenia*, die nur auf den Seychellen zu finden ist. Zu Wasser, zu Land und in der Luft kreucht und fleucht es auf Aride besonders intensiv. Die Expedition ins Tierreich ist erlaubt, aber nur auf ausgewiesenen Pfaden. Die Meeresschildkröten, die hier im Sand ihre Eier vergraben, sind Sensibelchen und wollen nicht gestört werden. Gleiches gilt für die Seevögel, die zu Hunderttausenden hier brüten. Daher dürfen Besucher auch nur mit lokalen Anbietern und Guides auf die 10 km von Praslin entfernt gelegene Insel *(arideisland.com)*. 🕮 K-L1

11 CURIEUSE

Halb- oder Ganztagsausflug mit dem Boot von Praslin

Neugierig? Nichts anderes bedeutet der Name des 3 km² großen Inselchens! Wo einst ein Quarantänelazarett für Leprakranke stand, tummeln sich jetzt über 200 Riesenschildkröten! Für Tierliebhaber wird hier ein Traum wahr: Ein Tag unter Schildkröten, egal ob auf dem Land oder im Meer! Von Praslin aus gibt es Halb- oder Ganztags-Bootstouren, die u.a. der deutschsprachige Insulaner David Pool-Güntensberger organisiert *(Tel. 2566625 | surfariseychelles.com | ca. 100–160 € pro Person)*. 🕮 N-O4

INSIDER-TIPP
Unter Urviechern

12 FÉLICITÉ

Nur für Hotelgäste zugänglich, aber viele Bootstagestouren führen zum Schnorcheln hierher

Glückseligkeit – treffender kann der Name für diese Insel nicht sein und erst recht nicht für das Gefühl jener

Obacht beim Füttern, der Hornschnabel ist scharf: Riesenschildkröte auf Curieuse

Auserwählten, die es sich leisten können, hier Urlaub zu machen. Félicité ist wie aus dem Paradiesinsel-Bilderbuch. Und dennoch: Unberührte Natur gibt es nicht mehr, seit sich 2016 eine Hotelanlage breitgemacht hat – keine große, eher eine großartige. Doch über Geschmack lässt sich bekanntlich streiten: Die 30 Villen (natürlich jede mit Meerblick, Außendusche und privatem Infinity-Pool) zu vierstelligen Übernachtungspreisen, die auf der ca. 3 km² großen Insel die Hänge hinaufklettern, sind so gar nicht seychellisch, sondern wirken futuristisch und fast ein wenig unterkühlt. Und noch ein kleiner Beigeschmack: Wo heute ultimativer Luxus herrscht und regelmäßig auch Promis urlauben, war einst Schufterei auf einer Kokosplantage angesagt *(Six Senses Zil Pasyon | Tel. 4 67 10 00 | sixsenses.com | €€€). U5-6*

13 ÎLE COCO/COCO ISLAND

Tagestouren (Boot) von Praslin

Kitsch und Fisch – so scheint der heimliche Werbeslogan für diese Miniinsel zu sein: Wie gemalt präsentiert sich die Premiumkulisse aus Kokospalmen, Granitskulpturen und Bilderbuchbuchten. Dass dann auch noch ein schützendes Riff das Eiland umgibt, ist das Tüpfelchen auf dem i – idyllisch und ideal zum Schnorcheln. *Touren über lokale Anbieter, z.B. Nevis Ernesta (Tel. 2 51 55 57 | excursionsladigue.com), oder (deutschsprachig) über Surfari Seychelles (Tel. 2 56 66 25 | surfariseychelles.com) | U5*

14 GRANDE SŒUR

Tagestouren (Boot) von Praslin

Noch mehr Verwandtschaft, nämlich die „Große Schwester", liegt nur eine Handbreit hinter bzw. nordöstlich von Praslin. In der Tat – die ca. 100 ha große Insel hat etwas sehr Weibliches; ihr bizarres, aus dunklem Granit bestehendes Bergmassiv erscheint aus der Ferne wie zwei wohlgeformte Brüste. Wild und schön ist ihre Natur, durch die sich verwunschene Pfade schlängeln. In den glasklaren Gewässern, in die man ohne getrübte Sicht in die Tiefe blicken kann, tanzen gern Schwärme von Rochen. Tagestouren ab Praslin, in der Regel mit Barbecue am Strand, organisiert z. B. das Luxushotel *Château de Feuilles (Tel. 4290000 | chateaudefeuilles.com)*. U4

15 PETITE SŒUR

Bootsausflüge zur Insel Grande Sœur führen häufig auch zum Schnorcheln vor die Küste von Petite Sœur

Fast logisch, dass die große Schwester auch noch eine kleine hat – Petite Sœur. Das nur ca. 35 ha kleine Inselchen wurde zusammen mit Grande Sœur auf Englisch *Sister Islands* getauft. Petite Sœur wirkt aber deutlich abweisender und widerspenstiger als ihre große Schwester, was an ihrem felsigen Schutzwall liegt. Daher ist die Insel selbst bei Seglern nicht besonders beliebt, da sie kaum geeignete Ankerplätze bietet. T4

LA DIGUE

S–T6–8 **Das Schmuckkästchen der Inneren Inseln! Kleine, lauschige Buchten, eingerahmt von imposanten Granitfindlingen, sonnendurchflutete Palmenhaine, heiteres Treiben in bunten Siedlungen. Ein Postkartenidyll, wie es schöner nicht sein könnte!**

Hübsch zurechtgemacht hat sich La Digue: putzige bunte Häuschen, ge-

Auf der Plantage in die Pedale treten: Radtour auf dem Gelände von L'Union Estate

pflegte Vorgärten, schnuckelige Restaurants. Die Natur gibt sich freundlich. Waldige Berge, ein schattiges Inselinneres mit Vogelreservat für den seltenen Paradiesschnäpper, Bilderbuchstrände. Und doch, irgendwie scheint es fast zu perfekt, fast ein wenig wie Disneyland. Kein Wunder, dass man bisweilen hört: „Früher war alles besser." Und ja, das trifft (leider) auf La Digue tatsächlich zu. Denn mittlerweile ist in den beschaulichen Tropenalltag so etwas wie neuzeitliche Hektik eingezogen. Kein langsames Schlendern mehr, kein gemächliches Dahingondeln auf dem Fahrrad. Letzteres dominiert allerdings noch immer das Inselbild, und das ist gut so. Nix geht ohne den Drahtesel. Das gilt auch für Touristen, besonders dann, wenn man nur einen Tagesausflug nach La Digue unternimmt und in kurzer Zeit möglichst viel von der Insel kennenlernen will.

Wer La Digue noch von früher kennt, erinnert sich vielleicht an die hölzernen Karren, die von schnaubenden Ochsen gezogen wurden. Die sind mehr oder weniger verschwunden. Stattdessen hat sich auf der nur 10 km² großen Insel der Fahrzeugbestand von ursprünglich zwei auf 50 Autos vermehrt! Und bisweilen spielen sich deren Fahrer als Herrscher der paar Straßen auf, die sich über das Inselchen ziehen. Wenn sich dann noch Schiffsladungen von Kreuzfahrttouristen über La Digue ergießen, bekommt man fast schon Platzangst. Doch selbst das mag den Eindruck nicht schmälern, dass auf La Digue die Welt noch in Ordnung ist.

ZIELE AUF LA DIGUE

16 ANSE LA RÉUNION

An der dichter besiedelten Westküste finden sich rund um den Fähranleger neben Hotels und Läden auch Restaurants. In der *Fish Trap (tgl. 8–23 Uhr | La Passe | Tel. 2 63 61 00 | €€)*, nur einen Steinwurf vom Anleger *(Jetty)* entfernt, ist der Name Programm: Hier geht Fisch in allen Formen in die Falle und auf die Teller. Eine elegante Alternative ist das Hotelrestaurant *Le Nautique (tgl. 12–21.30 Uhr | Tel. 4 23 47 00 | lenautique.sc | €€–€€€)*, das bei hinreißendem Seeblick kreative Fischvariationen serviert. *S7*

17 L'UNION ESTATE ★

Unsere kleine Farm! Obwohl, so klein ist sie gar nicht, eher ist L'Union Estate ein großer, weitläufiger Park, der sich im Südwesten von La Digue zwischen Felsen und Meer erstreckt und der traditionelle Landwirtschaft wie Vanilleanbau und Kokosölproduktion mit Natur und Kultur geschickt verbindet. Gleich hinterm Eingang lohnt es zu verweilen – ein kleiner Friedhof mit verwitterten Steingräbern regt zu schaurig-schönen Fantasien an. Nein, hier wurden keine Piraten beerdigt, auch wenn es gut ins Inselklischee passen würde. Hier fanden die Angehörigen der einst steinreichen Familiendynastie Millon ihre letzte Ruhestätte. Spätestens beim Anblick der vielen Kindergräber wird man nachdenklich: Auch im Paradies wird also gestorben … Nur einen Steinwurf dahinter geht es dagegen tierisch schön weiter: ein großes Gehege mit

Zeigt Entertainerqualitäten: Obstverkäufer an der Anse Source d'Argent

zwei Dutzend Riesenschildkröten und ein Ochse, der ab und zu seine Kreise in der nostalgischen Kokosnussmühle zieht. Wie ein Zeuge aus der Kolonialzeit wacht das alte, einfühlsam renovierte Pflanzerhaus, in dem früher der britische Premierminister seine Ferien verbrachte, über diese Idylle. Es lohnt sich, durch das Kellergeschoss zu stöbern – dort ist heute nämlich ein schnuckeliger Shop mit sehenswerter Gemäldegalerie einheimischer Künstler untergebracht. Genauso lohnend ist die winzige Souvenirbude, die etwas versteckt dahinter liegt. Hier verkauft ein alter, bärtiger Kauz kleine selbst gebastelte Kunstwerke aus Holz, Honig aus eigenen Bienenstöcken und Vanille aus der Plantage um die Ecke.

INSIDER-TIPP
Platz ist in der kleinsten Hütte

Und wer sich jetzt wünscht, hier mal zu wohnen – auch das geht. Nämlich in einem der vier stilvollen Häuschen der *L'Union Beach Chalets* unter Palmen, eine Handtuchbreite vom Meer entfernt mit genügend Abstand zu den (ausgetrampelten und überlaufenen) Touristenpfaden *(Anse Source d'Argent | buchbar über seyvillas.com bzw. Auskünfte über La Digue Island Lodge | ladigue.sc | €€–€€€). Park tgl. 7–17/18 Uhr | 100 SCR |* *S8*

18 ANSE SOURCE D'ARGENT ★

Die Bucht mit dem größten Wow-Effekt! Obwohl – eigentlich ist es gar keine einzelne Bucht, sondern es sind viele kleine Strandabschnitte, die sich zwischen den wohl berühmtesten Granitfelsen des Universums eingegraben haben. Zu dieser wohl fotogensten Szenerie der Seychellen mit Granit, Sand, Palmen und Meer dringt man nur vor, wenn man vorher das eintrittspflichtige Gelände von *L'Union Estate* passiert hat. Das sorgt bei manchem für Irritation. Und wenn es dann noch heißt „Baden oder Schwimmen – Fehlanzeige!", kommt schon mal Enttäuschung auf. Maximal Dümpeln im seichten Wasser ist möglich. Und selbst das ist nicht immer ein reines Vergnügen, vor allem wenn sich der Inhalt eines Kreuzfahrtschiffs über die berühmte Bucht ergießt, die auch häufig als Kulisse für Werbespots und Filme dient. „Castaway" mit Tom Hanks und der Erotikklassiker „Emanuelle" wurden hier gedreht. Plan einen Besuch daher möglichst am Morgen ein – je früher, desto besser. *S8*

19 GRAND' ANSE ★

Und wieder ein Superlativ: groß, größer, großartig – das ist die Grand' Anse, die Große Bucht! Weitläufig und wuchtig ist sie und hat Wellen ohne Ende. Auch hier ist das mit dem Baden so eine Sache; bisweilen ist es wegen der auf den Strand schlagenden Brecher unmöglich, weil gefährlich. Das hat sich mittlerweile herumgesprochen, weshalb sich die Besucherzahlen an diesem Strandparadies meist in Grenzen halten. *T8*

20 ANSE COCOS

Eine kleine Wanderung gefällig? Dann auf zur wildromantischen Anse Cocos, die nur zu Fuß erreichbar ist. Am nördlichsten Zipfel der Grand' Anse markiert ein Wegweiser den Einstieg in einen Dschungelpfad, der ca. 30–45 Minuten durch üppige Tropenvegetation führt. Müde Beine? Dann einen Zwischenstopp an der kleinen Schwester der Grand' Anse einlegen, die sinnigerweise *Petite Anse* heißt. Hier ist in etwa Halbzeit bei der Wanderung, die dann schließlich mit einem malerischen Ensemble aus Granit und Sand, Meer und Palmen belohnt. Gefahrloses Baden ist vor allem in den seichten Naturtümpeln möglich. *T8*

21 ANSE BANANE

Diese Bucht liegt etwas ab vom Schuss, aber das Essen beim einfachen Restaurant *Chez Jules (tgl. 9–21 Uhr | Tel. 2 51 03 84 | €–€€)* ist so lecker! Eine Handtuchbreite hinterm Meer warten herrlichste Fischgerichte, tropische Fruchtsäfte und knackige, exotische Salate in einer urigen Hütte am Küstensträßchen auf diejenigen, die es mit dem Fahrrad in den Nordosten von La Digue verschlägt. *T7*

SCHÖNER SCHLAFEN AUF PRASLIN & LA DIGUE

KOLONIALES FLAIR

Direkt am Strand liegt das kleine, aber herrschaftlich anmutende Hotel *Palm Beach* auf Praslin. In einem Palmengarten lockt es mit weißen Säulen, einer geschwungenen Veranda, luftigen, hellen Zimmern. Hier erinnert alles ans 19. Jh., als die Plantagenbesitzer noch das Sagen hatten. Für Erfrischung sorgen der Pool und die Cocktails an der Retrobar, die atemberaubenden Sonnenuntergänge gibt's gratis on top. *24 Zi. | Grand'Anse | Tel. 4 29 02 90 | palmbeachseychelles.com | €–€€*

HERZ IST TRUMPF

Das winzige Guesthouse *Le Filao* auf La Digue liegt an einem sandigen Sträßchen unweit der Kirche, etwa 200 Meter vom Strand entfernt. Es ist familiär und herzlich und lässt dich die „inneren Werte" der Insel erleben. Die blitzsauberen Häuschen mit voll ausgestatteter Küche und Terrasse verstecken sich in einem kleinen, kunterbunten Tropengarten und bieten ein einfaches, aber perfektes kreolisches Basislager. *2 Apt. | Anse La Réunion | Tel. 2 57 49 88 | lefilao@la-digue.info | €*

SILHOUETTE & NORTH

EXKLUSIVE EXOTIK

Von Mahé aus nach Nordwesten und dann immer geradeaus … Dort erheben sich aus dem endlosen Blau des Indischen Ozeans die Umrisse von zwei Inselschönheiten, wuchtig und wundersam. Und tatsächlich: Die Inseln Silhouette und North sind etwas ganz Besonderes.

Denn im Vergleich zur Hauptinsel und deren vorgelagerten Inseln sind es noch junge Hüpfer: Sie sind nämlich vulkanischen Ursprungs und „nur" etwa 63 Millionen Jahre alt, während ihre Nach-

Grün in allen erdenklichen Variationen: Tropenwald auf Silhouette

barinnen Mahé, Praslin und La Digue aus Granit bestehen, der fast zehnmal so alt ist. Silhouette und North darf man also getrost als „junge Wilde" bezeichnen, und genau das spiegelt sich auch in ihrer Natur wider. Unberührte Wälder, wildromantische Buchten und eine überbordende tropische Fauna und Flora – welch ein Luxus der Schöpfung! Und so ist es eigentlich kein Wunder, dass genau hier auch Luxusunterkünfte vom Allerallerfeinsten gut betuchte Gäste aus aller Welt anlocken.

SILHOUETTE & NORTH

MARCO POLO HIGHLIGHTS

★ **GRANN KAZ**
Im alten Herrenhaus am Fähranleger von Silhouette sind Zeugnisse einer längst vergessenen Epoche zu bestaunen ➤ S. 80

★ **MAUSOLEUM DAUBAN**
Die Gruft auf Silhouette ist von einer magischen Dschungelaura umgeben – sanftes Schaudern im tropischen Idyll ➤ S. 81

★ **ARABERGRÄBER**
Vor der Anse Lascars im Südosten von Silhouette liefen einst arabische Seefahrer auf ein Riff. Ein geheimnisumwitterter Friedhof ist ihre letzte Ruhestätte ➤ S. 81

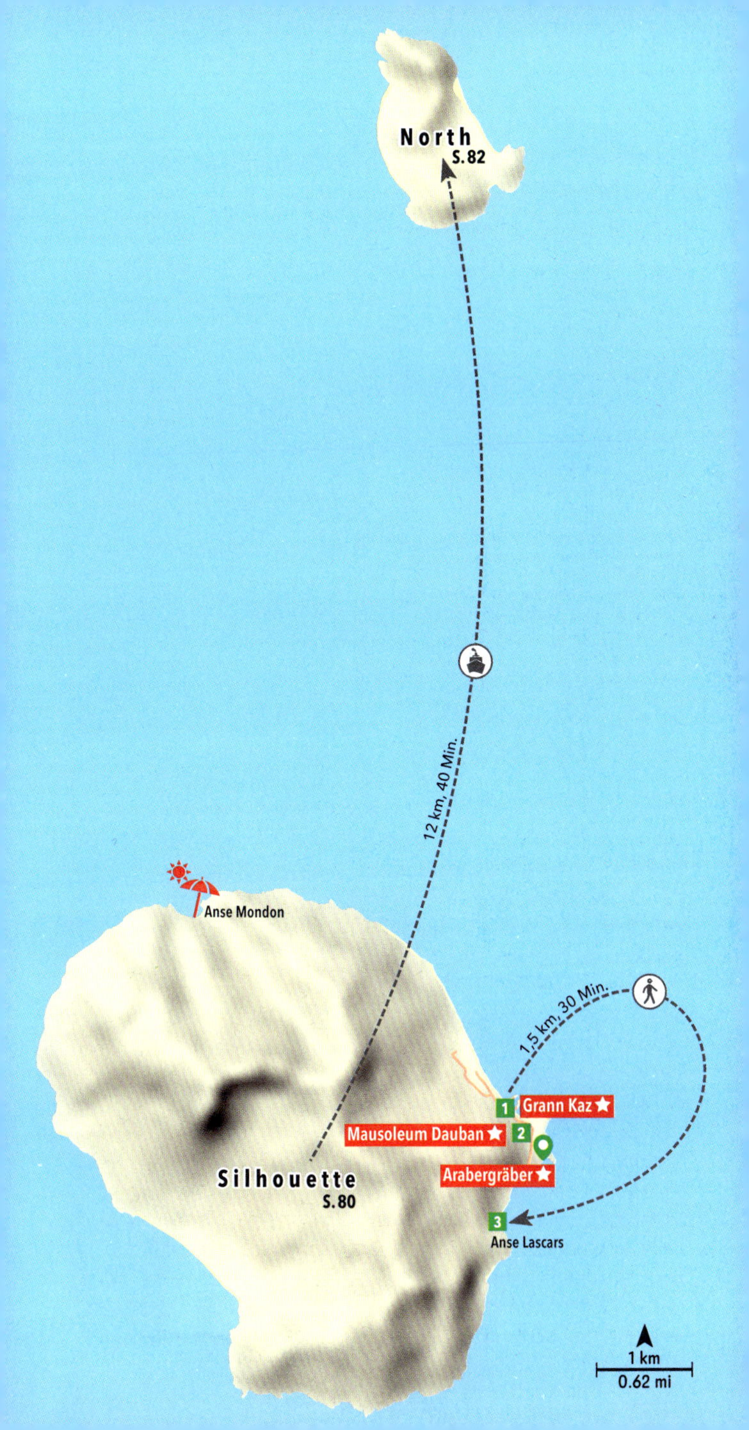

North
S. 82
12 km, 40 Min.
Anse Mondon
1,5 km, 30 Min.
1
Grann Kaz
2
Mausoleum Dauban
Arabergräber
Silhouette
S. 80
3
Anse Lascars
1 km
0.62 mi

Luxushotel mit gutem Restaurant: Hilton Labriz Resort & Spa auf Silhouette

SILHOUETTE

A-C 5-7 **Wenn eine Insel ihren Namen zu Recht trägt, dann Silhouette! Der gestochen scharfe Umriss der drittgrößten Seychelleninsel zwischen Meer und Himmel erinnert an einen Scherenschnitt.**

Von Mahé aus sind es 20 km zur Insel Silhouette, die aber nicht wegen ihrer Silhouette so heißt, sondern nach dem französischen Finanzminister Ludwigs des XV. benannt wurde. Obwohl die Insel von Bel Ombre/Mahé aus in nur 45 Min. mit einem kleinen Fährschiff erreichbar ist und obwohl sie so gut am Horizont sichtbar und zum Greifen nahe ist, wirkt sie wie ein magischer, weit entfernter Sehnsuchtsort und seltsam geheimnisvoll. Das liegt vor allem an ihrem Markenzeichen – dem 750 m hohen Berg Mont Dauban, der sich wie ein Hut über die Insel stülpt. Oft ist der Gipfel von Wolkenschleiern umhüllt, sodass man meint, hier brodelt ein aktiver Vulkan, der jeden Moment auszubrechen droht.

ZIELE AUF SILHOUETTE

1 GRANN KAZ ★

Im einstigen Herrenhaus der Insel, das das Familienoberhaupt der Pflanzerdynastie Dauban 1860 erbauen ließ, befindet sich ein kleines Museum. Und selbst der größte Museumsmuffel sollte sich überwinden und die alten Zeitzeugnisse genauer studieren. Bewegende Fotos zeigen das entbehrungsreiche Leben vor 100 Jahren. *Anse La Passe, direkt hinter dem Schiffsanleger | unregelmäßig geöffnet | Eintritt frei | C5*

2 MAUSOLEUM DAUBAN ★

Irreal und gespenstisch, fast angsteinflößend ist die Grabstätte der einstigen Pflanzerdynastie Dauban. Wie ein kleiner Tempel wirkt die verwitterte weiße Gruft unter den majestätischen Palmen am südlichen Zipfel des Inseldorfs von La Passe. Mächtige Säulen und schwere Eisenketten zeugen von der einstigen Macht des Inselherrn. Lastende Stille, tropische Schwermut: Eine düstere Aura umfängt diesen eigenartigen Platz. Unbedingt verweilen und über den Sinn des Lebens nachdenken. *La Passe, Ortsausgang | frei zugänglich | Eintritt frei |* *C5–6*

3 ANSE LASCARS

Steinig und unwirtlich, scheint die wilde Bucht zunächst jeden Besucher abzuschrecken. Bei Flut tost das Meer gewaltig, aber bei Ebbe und ruhiger See lässt es sich in felsigen Naturpools zumindest planschen. Kaum eine Menschenseele trifft man hier an, die Seelen Verstorbener allerdings angeblich schon: Sie gehören arabischen Seefahrern, deren ★ *Grabstätten* inzwischen weitgehend von der See zerstört wurden. Ihr Schiff soll im 9. Jh. vor Silhouette untergegangen sein – die Insel diente arabischen Dhaus vermutlich als Basis. *C6*

ESSEN & TRINKEN

HILTON SEYCHELLES LABRIZ RESORT & SPA

Luxusleben am schönsten Badestrand der Insel, der Anse La Passe. Eine Handtuchbreite vom Meer entfernt ist die weitläufige Hotelanlage eingebettet in einen großen Tropengarten, in dessen Mittelpunkt eine Lagune plätschert. 111 traumhafte Villen bieten Fünf-Sterne-Komfort vom Feinsten. Insgesamt sieben Restaurants bedienen so ziemlich jeden Geschmack. Auch wenn du es dir vielleicht nicht leisten kannst, hier zu wohnen: Gönn dir wenigstens einen Tag der Extraklasse! Du setzt mit dem Fährschiff über, dann folgen ein leckeres Mittagessen, Chillen am Strand, Abhängen im Pool, Erfrischungen in der Lounge – alles inklusive bei einer Tagestour, die von Mahé aus buchbar ist *(1500 SCR, Kinder unter 6 J. frei)*. Wem das zu viel Luxusleben ist, der erkundet stattdessen das Inselinnere auf eigene Faust. *Tel. 4 29 39 49 | hiltonseychelleslabriz.com | €€€*

INSIDER-TIPP
Tagesbesuch auf der Luxusinsel

LA BELLE TORTUE

Das am Strand gelegene Hotelchen „Zur schönen Schildkröte" hat sich vor allem durch sein exquisites Restaurant einen Namen gemacht, in dem die maximal 16 Übernachtungsgäste voll auf ihre Kosten kommen. Ein Plus: die intime Atmosphäre und die individuelle Betreuung. *Vorher anfragen, ob im Restaurant noch Platz für externe Gäste ist | La Passe | Tel. 2 56 97 08 | labelletortue.com | €€€*

SPORT & SPASS

WANDERN

Über Silhouette zieht sich ein Netz von Wanderpfaden, die durch ursprüngliche und unberührte Natur führen.

Wer die Insel zu Fuß erkundet, wird sie so erleben, wie sie die Entdecker von einst 1609 unter Admiral Sharpeigh vorgefunden haben.

Tageswanderung von La Passe (Nordwest) nach Grand Barbe (Gesamtdauer 8–10 Std.): Der z.T. schlecht markierte, bisweilen extrem bergige Weg in die abgeschiedene Siedlung ist schon bei vier Stunden einfacher Strecke lang, kräftezehrend und etwas tricky, deshalb ist ein Guide empfehlenswert. Obwohl der größte Teil der Strecke durch schattige Wälder mit duftenden Ylang-Ylang- und Sandelholzbäumen führt, empfiehlt es sich, früh bei Sonnenaufgang zu starten. Die Tropentage enden abrupt um ca. 18.30 Uhr mit dem schnellen Einbruch der Nacht. Grand Barbe, im Südwesten von Silhouette gelegen, war im 18./19. Jh. ein wichtiges Zentrum der Kopraproduktion.

Wanderung in die ☀ Anse Mondon (Dauer einfach 2 Std.): Für alle, die Wandern mit Schwimmen und Schnorcheln kombinieren wollen, ist der Weg zu der pittoresken Badebucht im Norden eine gute Wahl. Unbedingt festes Schuhwerk tragen, da die Pfade bisweilen über Felsplatten führen, die wenig Halt bieten. Belohnung der Extraklasse: superklares Wasser mit herrlich exotischem Wassergetier.

WASSERSPORT

Abtauchen ganz einfach! Das *Hilton Seychelles Labriz* managt ein PADI-Tauchcenter mit Dekompressionskammer. Wer lieber über Wasser bleibt, kann Kajaks mieten und an der Anse La Passe entlangpaddeln.

NORTH

B–C1 **Als der englische Seefahrer Alexander Sharpeigh 1609 als erste Insel der Seychellen North Island entdeckte, ahnte er nicht, dass ausgerechnet hier einmal das nobelste und exklusivste Hideaway des Archipels entstehen würde.**

Brad Pitt und Angelina Jolie waren schon da, George Clooney und seine Amal ebenfalls, und die britischen Royals William und Kate flitterten hier und blätterten 2011 für ihren Honeymoon schlappe 500 000 Euro oder mehr hin – da bleibt einem als Otto Normaltourist schon mal die Luft weg! Auch den einstigen Entdeckern stockte damals der Atem, aber eher wegen der einzigartigen Pflanzenwelt und einer gigantischen Anzahl von Riesenschildkröten – Beweis dafür, dass die Natur damals noch mit sich im Reinen war. Doch dann passierte, was allen Inseln der Seychellen widerfuhr: North wurde als Kokosnussplantage missbraucht, um Kopra zu gewinnen. Die damaligen Inselbesitzer – die aus La Réunion stammende wohlhabende Familie Beaufond – trieben zudem Handel mit Guanodünger. Neben Kokospalmen kultivierten sie auch Gewürzpflanzen – schließlich ließ sich mit Muskat, Zimt und Vanille ein gutes Geschäft machen.

Ende der 1990er-Jahre übernahm eine Investorengruppe aus Botswana die Insel und begann die Insel zu renaturieren, unter dem Motto „Luxustourismus plus Naturschutz". Damit das Idyll Bestand hat, tickt North Island anders: Die Anreise erfolgt nur mit dem Helikopter, Warentransport und Logistik mit einem Kurierboot. Außerdem gibt es ausgefeilte Naturschutzprogramme, u. a. ein Projekt zur Wiederbelebung der Population von Riesenschildkröten. Apropos Kröten – die muss man haben, um auf North Island abzusteigen: Die Preisspirale beginnt sich ab 6800 Euro (pro Nacht!) zu drehen …

ESSEN & TRINKEN

Maximal 22 Gäste wohnen in elf Topluxusvillen (450–750 m²). Das Interieur ist dezent-stylish und verbindet sich unaufdringlich und einfühlsam mit der Natur, die selbst wesentlicher Bestandteil der Architektur ist. Die Philosophie, die dahintersteckt, lässt sich mit dem Zauberwort „Barfußluxus" zusammenfassen. Dazu gehört auch eine Gourmetküche, die keine Wünsche offenlässt. *Tel. 4293100 | north-island.com | €€€*

SPORT & SPASS

Alles kann, nichts muss und jeder nach seiner Façon – so lautet das ungeschriebene Gesetz auf North. Es gibt jede Menge maßgeschneiderter Angebote. Wer es eher still und leise mag, kommt bei Yogastunden auf seine Kosten. Wasserratten dürfen sich auf Ausflüge mit dem Kajak, Stunden auf dem Surf- bzw. SUP-Board oder auf Schnorchel- und Tauchtouren freuen. Wer sich die Füße vertreten will, spaziert zu einsamen und jungfräulichen Buchten oder lässt sich auf einer geführten Wanderung in die Zauberwelt von North entführen. Das Nonplusultra: Bootsfahrten hinein in den Sonnenuntergang.

Schönes Wanderrevier auf Silhouette: Trekkingtour am Mount Dauban

BIRD & DENIS

TIERISCH SCHÖN!

Gibt es eine Steigerung von Paradies? Ja! Der ultimative Garten Eden liegt auf den zwei nördlichsten Inseln der Seychellen: Bird und Denis. Der Herrgott muss an dem Tag, als er die zwei winzigen Koralleneilande erschuf, ein besonders glückliches Händchen gehabt haben.

Nicht nur der weiße Sand und das klare Wasser, sondern auch Fauna und Flora sind einfach zum Niederknien und – irgendwie nicht von dieser Welt! Während die Hauptinsel Mahé mit ihren kleineren Ge-

My Nest is my Castle: brütende Rußseeschwalbe auf Bird Island

schwistern Praslin, La Digue und Silhouette steinharte Gesellen aus Granit sind, schmeicheln Bird und Denis mit ihrem Korallengrund. Das heißt nichts anderes, als dass sie wortwörtlich auf Sand gebaut sind. Wie flache Pfannkuchen mit grünen Häubchen aus dichtem Tropenwald erheben sie sich als Bilderbuchinseln nur wenige Meter aus dem Meer. Wie alles hat auch dieses Inselidyll zwei Seiten: Wetter und Umwelteinflüsse wie Tsunamis und Erosion machen Bird und Denis, die nur 50 km auseinanderliegen, extrem zu schaffen.

BIRD & DENIS

MARCO POLO HIGHLIGHTS

★ **VOGELKOLONIE (BIRD)**
Bird Island hat seinen Namen nicht umsonst – die Vogelkolonie ist ein Naturspektakel! ➤ S. 89

★ **ESMERALDA (BIRD)**
Die bekannteste Bewohnerin (bzw. eigentlich der bekannteste Bewohner) von Bird Island ist eine Riesenschildkröte ➤ S. 89

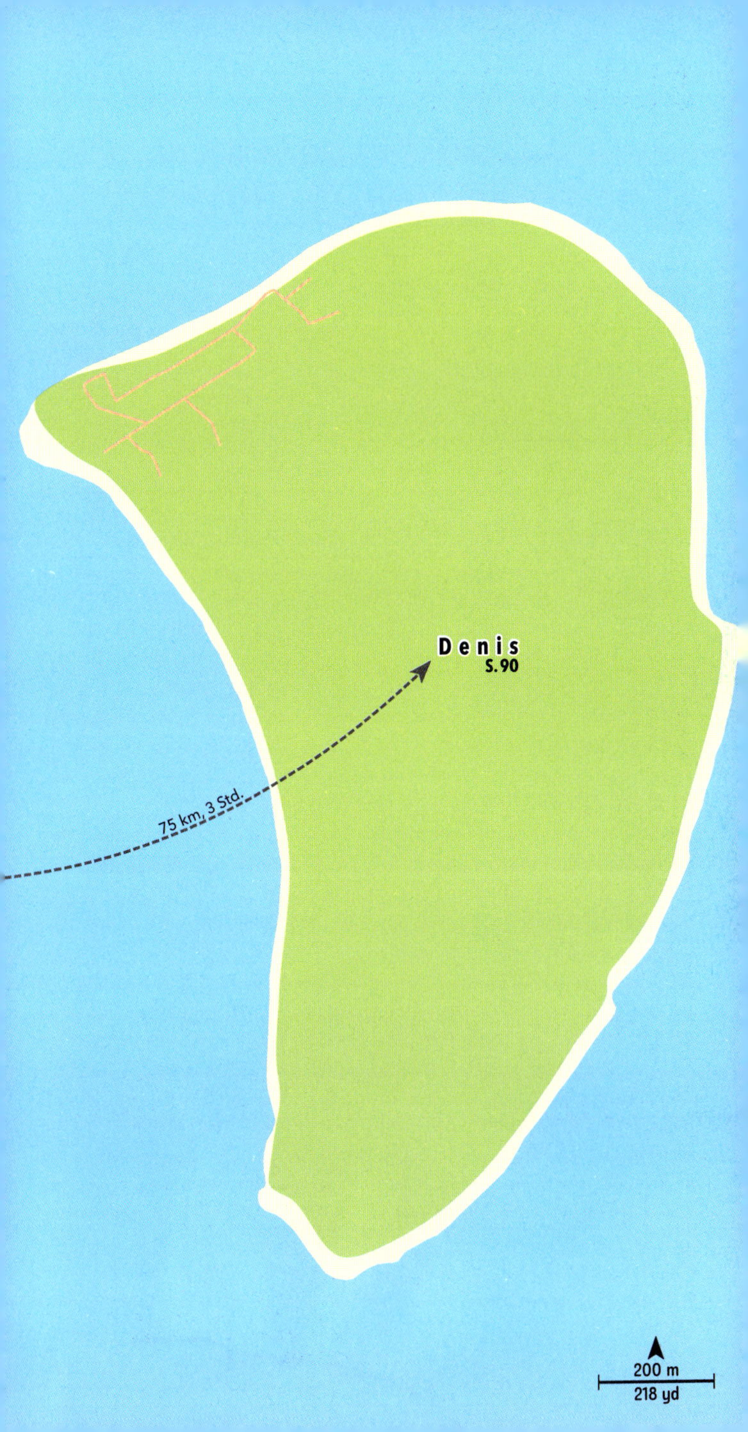
Denis
S. 90
75 km, 3 Std.
200 m
218 yd

Wellen und Wind haben bisweilen bizarre Uferlandschaften mit unterspülten, gespenstisch wirkenden Baumwurzeln entstehen lassen. Auch der Mensch hat seinen Teil zum Raubbau an der Natur beigetragen: Da wurde der Vogelkot Guano als Dünger in großem Stil abgebaut und Monokultur in Form von Kokosnussplantagen betrieben. Beides hat ein Ende. Naturschutzprogramme und Ökotourismus, gepaart mit reglementierten Gästezahlen und nicht zuletzt saftigen Übernachtungspreisen, sorgen für Schutz: Für eine Nacht (im DZ) muss man auf Denis ca. 900 Euro berappen, auf Bird in etwa die Hälfte. Schönheit hat bekanntlich ihren Preis …

BIRD

M–N1 **Kleine Flugzeuge verkehren von Mahé aus in den nordöstlichen Zipfel des seychellischen Archipels. Nach 30 Minuten endet der Flug auf der Île aux Vaches, der „Seekuhinsel", wie Bird Island früher hieß.**

Das Licht hier – gleißend. Das Meer noch glitzernder, der Sand noch weißer. Eins ist jedenfalls gewiss, auf dem 1,5 km langen und nur 600 m breiten Inselchen ist es heißer, sonniger und trockener als auf Mahé. Hauptattraktion von Bird: Millionen von Seeschwalben, die zwischen Mai und Oktober auf der Insel nisten. Außerdem majestätische Fregattvögel, die munter flatternden Exemplare des knallroten Kardinals und die *Payanke* – Tropikvögel mit langen Schwanzfedern. Die kannst du unter den riesigen Strandzedern direkt vor der *Bird Island Lodge* beobachten, natürlich nur, wenn du dich extrem still verhältst und dich vorsichtig annäherst: Am Fuß der Stämme hocken in den Wurzeln die brütenden Vögel oder die Küken, die darauf warten, von ihren Eltern gefüttert zu werden. Sie fiepen herzzerreißend und sind tolle Fotomotive.

INSIDER-TIPP
Bei dir piept's wohl?

Im Wasser kreisen majestätische Mantarochen und paddeln Meeresschildkröten: Und während überall auf der Welt die Echten Karettschildkröten, die Suppenschildkröten, ihre Eier nur nachts ablegen, kommen sie auf Bird auch tagsüber an Land, um ihre Nester in den weichen Sand zu schaufeln. Zuschauen darf jeder, aber nur dann, wenn er sich an die Regeln hält: Distanz! Ruhe! Respekt!

Hinter dem südlichen Ende der Lodge schlängelt sich ein schmaler Pfad ins sogenannte Dorf. Eine kleine Attraktion: das Miniaturwertstoffcenter, wo auf kreative Weise Abfälle recycelt und entsorgt werden. Nur einen Steinwurf weiter erfährst du, wie auf Bird Island Strom erzeugt wird – hier brummt ein Generator. Warmwasser wird übrigens mit Hilfe von Solaranlagen direkt an den Bungalows produziert. Wer noch tiefer in den Inselalltag eintauchen will, wandert hinter dem Dorf durch den Palmenwald und schaut sich die kleine Farm an, auf der Obst, Gemüse und Kräuter angebaut werden – alles landet dann direkt und frisch in der Lodgeküche.

In Begleitung eines Rangers kannst du auf Bird Rußseeschwalben ins Nest spähen

SIGHTSEEING

VOGELKOLONIE ★

Wer nach Bird fliegt, weiß: Der Name ist Programm, denn die Hauptattraktion sind die Vögel, die sich am besten von einer Aussichtsplattform aus beobachten lassen: Inmitten eines riesigen Vogelschwarms stehen und sein eigenes Wort kaum verstehen, weil die Seeschwalben so ohrenbetäubende Schreie ausstoßen – das kann fast ein wenig beängstigend sein. In das Vogelschutzgebiet am Nordzipfel von Bird Island darf zwar niemand rein, aber das Beobachten der Vogelschwärme an ihren Nistplätzen im Grasland ist erlaubt. Nicht selten umkreisen sie dich bei ihren waghalsigen Flugmanövern auf Augenhöhe. Seeschwalben lassen sich erst dann zum Brüten nieder, wenn die gesamte Vogelfamilie (mindestens eine Million, so die offiziellen Zahlen) sicher über den Küsten vor Bird Island angekommen ist. Zur Eiablage im Juni bleibt die Insellodge in der Regel geschlossen, d. h. nur die Angestellten sind vor Ort. Sie sammeln dort auch eine festgesetzte Anzahl von Vogeleiern ein, die auf den Seychellen eine traditionelle Delikatesse sind.

ESMERALDA ★

Eine Riesenschildkröte, die einen Frauennamen trägt, aber männlichen Geschlechts ist, etwa 300 kg auf die Waage bringt und mindestens 175 Jahre alt ist; manche Quellen gehen sogar von über 250 Jahren aus. Dem Alter hat sie/er es zu verdanken, dass ein Platz im Guinness-Buch der Rekorde sicher ist. Das Tier ist aber kein Ureinwohner von Bird Island. Es stammt von Aldabra, dem südlichsten Atoll der Seychellen. Vielleicht war es sogar lebende Fracht auf dem Schiff „Hirondelle“, das 1808 vor Bird Island stran-

Groß ist was anderes:
Bird Island aus der Luft

dete. Esmeralda ist von den anderen auf Bird Island lebenden Riesenschildkröten gut zu unterscheiden. Eine große Kerbe am Panzer zeugt von einer Verletzung, die vor ca. 10 Jahren bei Mäharbeiten von einem Traktor verursacht wurde. Der Grund: Esmeralda versteckt sich gern im schattigen Gebüsch am Rand des Flugfelds. Man muss sie also suchen. Sie bewegt sich frei auf der Insel und hält sich mal hier, mal da auf, sogar hin und wieder zwischen den Bungalows.

SPORT & SPASS

Hier kann man tun und lassen, was man will – sofern man die Tiere nicht stört. Vögel bitte nicht aufscheuchen! Schildkröten streicheln, also anfassen ist erlaubt, auf ihnen reiten geht natürlich gar nicht! Schildkröten bei der Eiablage zu nahe kommen: ein absolutes No-Go! Richtig eintauchen kann man mit ausleihbarem Schnorchelequipment nicht nur ins Wasser, sondern auch bei den geführten *Nature Trails*. Ins Inselinnere führen verschlungene Pfade, die zu Wanderungen auf eigene Faust einladen.

DENIS

O-P1 **Ein kleines, aber hochkarätiges Inseljuwel! Gerade mal etwas mehr als 1 km² groß und ca. 90 km nördlich von Mahé gelegen, ist Denis Island ein Sandkasten mit Puderzuckerstränden für Gutbetuchte, die vor allem eines suchen: Natur pur – gepaart mit Luxus!**
Denis Island befindet sich in Privatbesitz, und die Eigentümer haben sich vor allem eines auf die Fahne geschrieben: die außergewöhnliche Natur mit feinster Noblesse zu vereinen. Stil wird großgeschrieben. Die Koralleninsel hat generell ein bisschen was vom Chic Frankreichs, nicht zuletzt weil 1773 das französische Schiff „L'Étoile" mit einem gewissen Monsieur de Trobriand an Bord hier auf der Insel landete. Da dieser mit Vornamen Denis hieß, war ein Name für das neu entdeckte Eiland schnell gefunden. Welch ein Juwel die Insel ist, erkannte in den 1970er-Jahren ein französischer Industrieller, der den Grundstein für das Luxusresort legte. Sein

Slogan: „Die Insel am Ende der Welt". Wie wahr, denn hier sind die Sorgen des Alltags ziemlich weit weg – z. B. wenn man sich in den bequemen Holzstühlen am Strand, den *Adirondack Chairs,* lümmelt. Die eigentliche Attraktion der Insel aber liegt im Wasser. Hier fällt an der Westküste zunächst das hauseigene Inselriff bis zu 30 m (stellenweise sogar bis 100 m) tief ab, wo sich eine besonders artenreiche Meeresfauna tummelt.

SIGHTSEEING

INSELSTREIFZUG

So muss die Insel ausgesehen haben, als im 18. Jh. die Entdecker ankamen: üppige Vegetation und undurchdringlicher Tropenwald. Auf einem ausgeschilderten *Forest Walk* kann man stundenlang durch das ursprüngliche Inselinnere streunen. Hier hat die Ruhe Stimmen: das Flüstern der nadeligen Strandzedern, das Rufen der Vögel, das Schlurfen einiger Riesenschildkröten. Der Weg führt nach Norden, wo ein 100-jähriger, außer Gefecht gesetzter Leuchtturm von alten Zeiten kündet. Keine Lust auf einen Fußmarsch? Dann einfach ein Fahrrad schnappen und auf dem Drahtesel die Insel erkunden!

SPORT & SPASS

Das Glück liegt *im* Wasser! Schnorcheln ist Pflicht, und die Kür ist es, mit einem Kajak über die geschützte Lagune zwischen Inselriff und Strand zu paddeln. Wer tiefer hinab will, kann Tauchgänge über das PADI-Tauchcenter buchen. Der Gipfel des Vergnügens ist eine Hochseeangeltour *(Big Game Fishing)* am sogenannten Drop-Off, also da, wo die Riffkante am Rand des Seychellen-Plateaus ca. 2000 m steil in die schwarz-blaue Tiefe hinabstürzt. Übrigens, wer einen guten Fang macht, darf sich darauf freuen, dass der Fisch abends frisch zubereitet auf seinem Teller landet.

SCHÖNER SCHLAFEN AUF BIRD & DENIS

BACK TO THE ROOTS

Die 24 luftigen Bungalows der *Bird Island Lodge* stehen nur 150 m hinter dem Strand und sind im 1970er-Jahre-Retrostil mit schlichten, tropischen Holzmöbeln eingerichtet – ein einzigartiges Ambiente. Selbstversorgung, Restaurant und Shop auf dem Gelände, Mindestaufenthalt 7 Tage. *Bird Island Reservation | Victoria | Inter Island Key | Tel. 4 22 49 25 | birdislandseychelles.com | €€€*

LUXUS IM PARADIES

Die 25 Bungalows der *Denis Island Lodge* lassen keine Wünsche offen: Klimaanlage, TV, WLAN, Möbel mit Kolonialtouch, Open-Air-Badezimmer, private Tropengärten. Das stylishe Restaurant ist für sein exzellentes Essen bekannt; fast alle Zutaten stammen aus eigenem Anbau oder aus den Gewässern vor Denis. *Mason's Travel | Victoria | Tel. 4 28 89 63 | denisisland.com | €€€*

ÄUSSERE SEYCHELLEN

WIE AUS EINER ANDEREN WELT

Das Weite suchen – und die Äußeren Inseln finden! Ungefähr 400 km südwestlich von Mahé und 7 Grad südlich des Äquators schimmern unberührte Inselperlen im Indischen Ozean, die sämtliche Tropenträume in Erfüllung gehen lassen.

Lagunen und Korallenriffe, Sandbänke und Atolle – das ist es, was die Äußeren Inseln ausmacht. Eigentlich sind es keine einzelnen Inseln, sondern vielmehr Inselgruppen und -grüppchen, die sich nicht mal so eben von Mahé ansteuern lassen. Lediglich nach Alphonse

Durch gigantische Priele fließt das Wasser bei Ebbe aus dem Aldabra-Atoll ab

und Desroches gehen kleine Flieger, schließlich sollen die dort ansässigen Edelresorts einfach und schnell erreichbar sein. Wer auf die anderen Eilande will, muss sich mit dem Schiff auf den Weg machen – so wie einst der portugiesische Entdecker Vasco da Gama, der auf seiner Passage nach Indien 1502 das Sammelsurium dieser versprengten Inseln aufspürte, sie auf den Namen Amiranten taufte und das Projekt in Angriff nahm, eine für damalige Zeiten überraschend exakte Seekarte zu zeichnen.

ÄUSSERE SEYCHELLEN

MARCO POLO HIGHLIGHTS

★ **MURAILLE BON DIEU**
Wellenbrecher der besonderen Art im äußersten Süden von Desroches – Gischt und Brandung an Land und ein faszinierender Tauchgrund zwischen 30 m hohen Unterwasserfelsen ➤ S. 96

★ **UNTERWASSERWELT**
Meeresmagie: Auf geht's zum Staunen, Tauchen, Schnorcheln und Fliegenfischen in die abgrundtiefen Gewässer rund um Alphonse ➤ S. 97

★ **PILZINSELN**
Sozusagen die Beatles des Meeres – bizarr geformte Steininseln in der Aldabra-Lagune ➤ S. 99

★ **RIESENSCHILDKRÖTEN**
Frei herumkrabbelnde Zeugen der Urzeit – so wie einst zu Zeiten der Entdecker von Aldabra ➤ S. 99

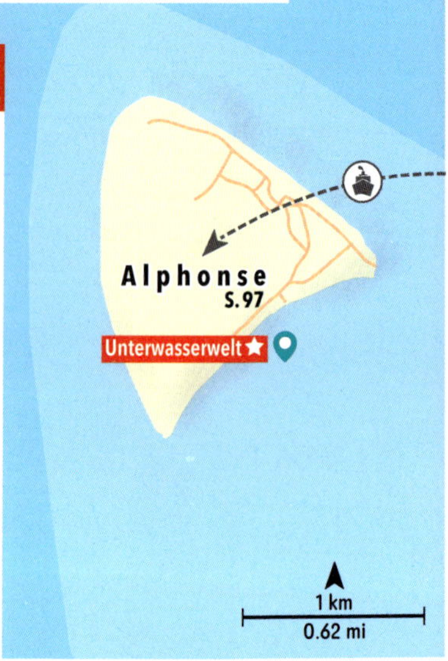

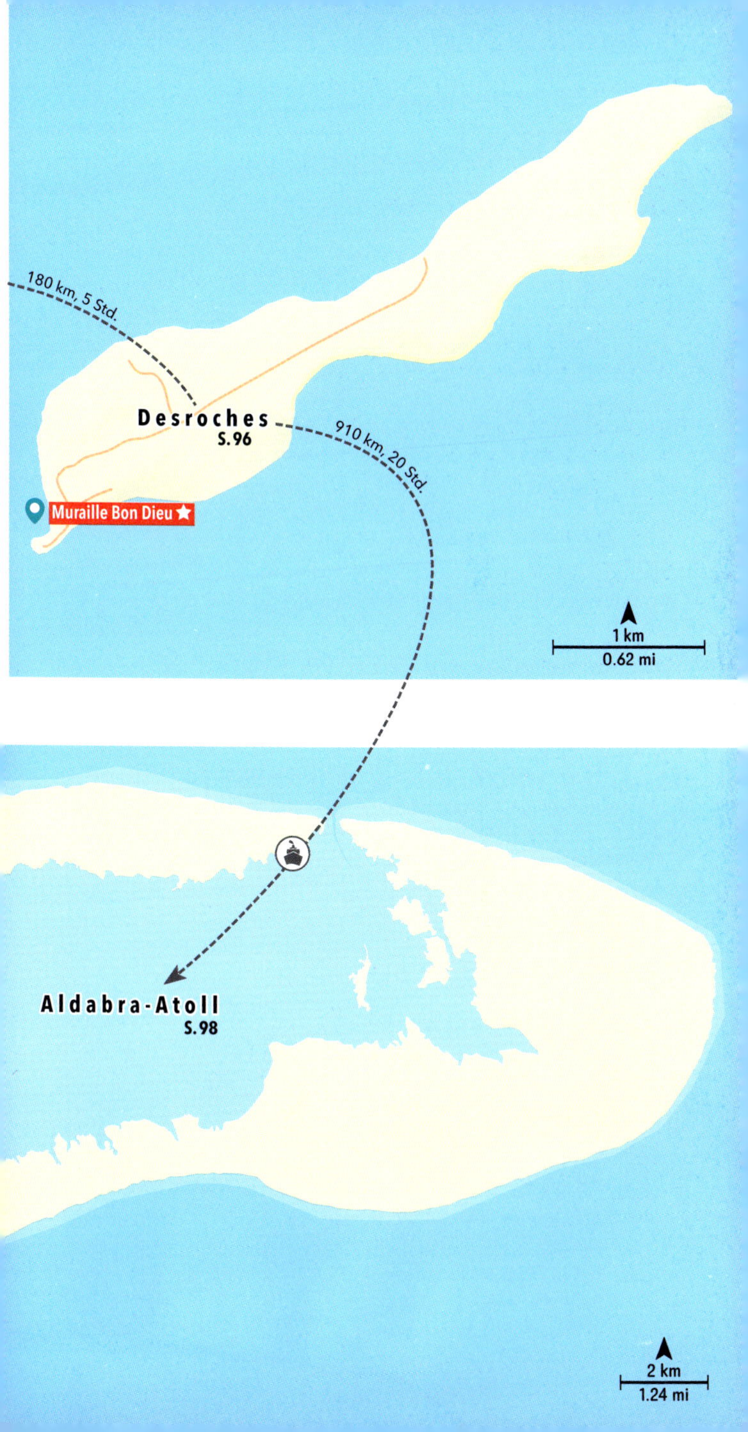
180 km, 5 Std.
Desroches
S. 96
910 km, 20 Std.
Muraille Bon Dieu
1 km
0.62 mi
Aldabra-Atoll
S. 98
2 km
1.24 mi

DESROCHES

0 Ein Strand der Superlative: fast 15 km lang und kaum eine Menschenseele – wo gibt es das schon? So darf sich hier jeder als Robinson fühlen. Wer auf Desroches „strandet", findet extreme Einsamkeit – und extremen Luxus.

Wenn es so etwas wie eine Hauptinsel der Amiranten gibt, dann ist es Desroches, 230 km von Mahé entfernt und in ca. einer halben Stunde mit dem Flieger zu erreichen. Mit ca. 3,5 km² Landfläche macht sie im Vergleich zu ihren Nachbarn ordentlich was her, zumal sie nicht nur von weißestem Sand gesäumt ist, sondern gleich mehrere Gesichter hat. Das Innere der Insel wird dominiert von majestätischen Palmen, die einst zu einer Kokosplantage gehörten, und undurchdringlichem Dschungel. Deswegen hatten die britischen Kolonialherren dieses Fleckchen Erde zunächst auch Wood Island genannt. Geheimnisvolle Wege schlängeln sich durch das Grün, das sich zu Fuß oder mit einem Fahrrad erkunden lässt. Das Äußere, also die Küste, ist – mal abgesehen vom Puderzuckerstrand – im Osten rau. Hier werden die kleinen Wege noch kleiner, der Palmenwald wilder. An der Pointe Hélène weht ein ordentlicher Wind, das Meer schäumt gewaltig und rauscht über ausgewaschene Korallenbänke. Auch im Westen der Insel gibt es einen beachtlichen natürlichen Schutzwall aus Stein: die ★ *Muraille Bon Dieu* – die Gottesmauer. Dahinter ein alter Leuchtturm, ein eisernes Gerippe, das mehr einem Baugerüst als einem intakten Lighthouse ähnelt. Da vermutet man natürlich, dass diese felsige Wüstenei der Insel zu ihrem Namen verholfen haben muss (Franz. *roche* = Felsen). Aber es ist viel banaler: Der Name Desroches stammt von einem im 18. Jh. auf Mauritius regierenden französischen Gouverneur.

Neben dem Urlaubsleben in der Nobelherberge gibt es auf Desroches aber auch den ganz normalen Alltag. Fast exakt in der Mitte der 6 km langen Insel liegt das *Settlement,* eine kleine Siedlung, die nur zwei, drei Kilometer von der Lodge entfernt ist – aber eine völlig andere Welt. Ihr Zentrum ist das *White House,* und das ist tatsächlich auch so etwas wie der Amtssitz eines Präsidenten. Es ist nämlich das ehemalige Anwesen des Inselverwalters und Plantagenchefs. Besucher wohnen hier nicht minder fürstlich – in Villen, Suiten und Residenzen. Und wer für immer bleiben will, der kann hier mittlerweile sogar Eigentum erwerben – vorausgesetzt, das nötige Kleingeld ist vorhanden.

ESSEN & TRINKEN

Drei Restaurants, ein Deli-Shop und eine stylishe Loungebar – alle in direkter Strandlage – tun alles, um das Genießerherz zu verwöhnen. Und wer von Meer umgeben ist, bringt entsprechende Spezialitäten auf den Teller. Verwöhnaroma weht überall im *Four Seasons Resort Desroches Island (Tel. 4 39 33 33 | fourseasons.com | €€€ | Mindestaufenthalt 3 Nächte).*

Ein Traum für Individualisten: einsamer Strand auf Alphonse

ALPHONSE

0 **Aller guten Dinge sind drei – die Alphonse-Gruppe ist ein schmuckes Inseldreigestirn, bestehend aus der Hauptinsel Alphonse und deren Nachbarinseln St. François und Bijoutier. Nur eine gute halbe Flugstunde entfernt von Mahé liegt hier das ultimative Glück im Wasser – vor allem das Anglerglück!**

Alphonse – gerade mal etwas mehr als einen Kilometer lang und breit – liegt wie ein zugespitztes Dreieck im Meer. Hier gibt es eigentlich nichts – eigentlich! Denn auf Alphonse selbst dreht sich alles um die Fische. Die ★ Unterwasserwelt rund um die Insel sucht ihresgleichen. Sie verzaubert mit einer beträchtlichen Population von Drücker- und Fächerfischen, *bohar snapper* und *jobfish, bonefish* und *milkfish*. Kein Wunder, dass sich Alphonse einen Namen als exklusives Hideaway für besessene Sportangler gemacht hat. Doch auch normale Menschen können in der vor einigen Jahren komplett renovierten und umgebauten Lodge Urlaub machen, vorausgesetzt sie sind gewillt, mindestens 700 Euro pro Nacht im Bungalow zu zahlen. Alphonse ist leider nichts für eine Tagestour oder ein verlängertes Wochenende – die Mindestaufenthaltsdauer beträgt sieben Nächte.

SPORT & SPASS

Wer nicht angeln will, geht schwimmen in der vorgelagerten Lagune oder im Pool. Bootsausrüstungen, Kajaks und Equipment für Stand-up-Paddeltouren gibt es auch. On top sind Fahrräder und sogar ein Tennisplatz vorhanden.

Klettern ist für diese Riesenkrabbe kein Problem: der „Palmendieb" bei der Arbeit

ESSEN & TRINKEN

Ein Frischfischfest! Seafood in allen Variationen bietet das Resortrestaurant *Bijoutier (alphonse-island.com | €€€)*, das die Gäste der 30 Tropenchalets versorgt. Fast alle Zutaten stammen aus eigenem ökologischem Anbau.

INSIDER-TIPP
Bank-Geheimnis

Schmankerl: Du schipperst mit dem Boot aufs Meer und genießt einen exotischen Lunch auf einer Sandbank!

ALDABRA-ATOLL

A–E 17–18 **Ein Name wie eine ferne Galaxie: Aldabra, eine Meereswelt, so unerreichbar wie die Weiten des Alls. 1500 km von der Hauptinsel entfernt, gruppieren sich 14 Inseln um eine Lagune, die so groß ist, dass ganz Mahé darin Platz hätte. Damit ist das Aldabra-Atoll das größte der Welt!**

Im 9. Jh. wurden die Inseln von Arabern auf ihren Schiffstouren gesichtet. Dass sie das neu entdeckte Land *alkadra* („die Grüne") nannten, ist kaum nachvollziehbar, schließlich ist der Gesamteindruck eher grau. Aus einem Basaltfundament, das 1 km unter der Wasseroberfläche liegt, brach vor 80 000 Jahren vermutlich ein Vulkan aus. Als er bis auf seine Kraterränder wieder im Meer versank, entstanden geschwungene Steininseln mit bizarren Felsformationen, die wie Ränder eines riesigen ovalen Swimmingpools wirken. Die Lagune wird von drei Atollen und einer Riffplatte gebildet. Im Süden liegt wie eine offene

Hummerschere Grande Terre („großes Land“, 116,1 km^2). Im Norden schließen Picard (9,4 km^2), Polymnie (4,75 km^2) und Malabar (26,8 km^2) die Lagune ein. Karg, schroff und abweisend wirkt die Küstenlinie hier.

Bei Flut scheinen in der Lagune seltsame steinerne Tische über dem Meeresspiegel zu schweben. Bei Ebbe fließt das Wasser durch die vier kanalähnlichen Passagen zwischen diesen Inseln wie durch riesige Schleusen ab. Die sonst so flachen Steintische verwandeln sich dann in merkwürdig geformte ★ Pilzinseln, die sich als Felsskulpturen aus der Lagune erheben. In den Löchern und Furchen dieser Kalksteinmonumente glucksen und murmeln die Wellen. Ebbe und Flut haben diese Naturkunstwerke im Lauf der Jahrtausende geschaffen. Dazu kommt hin und wieder heftiger Regen, der den Kalk auslöst und wegschwemmt. Vor allem diesem Naturphänomen ist es zu verdanken, dass das Aldabra-Atoll zum Unesco-Weltnaturerbe zählt. Das hat leider einen Nachteil für Urlauber: Es wird ihnen nicht leicht gemacht, einen Fuß auf diese Inseln zu setzen.

Aber nicht nur die Menschen haben es hier schwer. Auch für die Tiere war und ist Aldabra eine Herausforderung, vor allem für die ★ Riesenschildkröten. Sie wurden im 19. Jh. nahezu komplett ausgerottet, weil sie als haltbarer, weil lebender Proviant für Seefahrer herhalten mussten. Nur ein paar Tiere haben das jahrzehntelange Gemetzel überlebt. Dank der UN und der Seychelles Island Foundation wächst die Population langsam wieder. Heute sind mehrere Tausend Artgenossen auf dem Atoll zu Hause. Daneben gibt es noch zwei weitere ungewöhnliche Tierarten: Die Aldabra-Weißkehlralle, ein flugunfähiger Vogel, ist der letzte seiner Art, der im Indischen Ozean zu Hause ist. Außerdem treibt der „Palmendieb“ sein Unwesen: eine furchteinflößende, riesige Krabbe, die bis zu 60 cm groß werden kann. Sie hat beeindruckende Scheren, kann Palmen hinaufklettern und mit ihren Zangen- und Beißwerkzeugen unreife Kokosnüsse öffnen.

Klingt nach heiler Tropenwelt, aber dem ist nicht so. Die Natur von Aldabra ist bedroht – und zwar von Plastikabfällen, die übers Meer treiben und auf dem Atoll angeschwemmt werden. Dagegen kämpft das Aldabra Clean Up Project, das seit 2018 schon mehrere Tonnen maritimen Mülls gesammelt und abtransportiert hat.

ANREISE

Aldabra ist nur mit dem Schiff zu erreichen; der Törn von Mahé dauert ca. 5 Tage mit Zwischenstationen auf Desroches, Alphonse und Cosmoledo. Zweite Möglichkeit: Flug auf die 30 km südöstlich von Aldabra liegende Insel Assumption und von dort weiter mit dem Schiff. Auf eigene Faust geht nix: Voraussetzung ist die Teilnahme an einer wissenschaftlichen Exkursion bzw. einer Studienreise, bei der auf dem Boot übernachtet wird. Es gibt nämlich keine Infrastruktur auf dem Aldabra-Atoll. Infos zu Exkursionen z.B. über *Albatros-tours.com/seychellen-aldabra*

ERLEBNIS TOUREN

Lust, die Besonderheiten der Region zu entdecken? Dann sind die Erlebnistouren genau das Richtige für dich! Ganz einfach wird es mit der MARCO POLO Touren-App: Die Tour über den QR-Code aufs Smartphone laden – und auch offline die perfekte Orientierung haben.

1 SEYCHELLEN IM SCHNELLDURCHLAUF

- ➤ Schiffschaukel nach Praslin und La Digue
- ➤ Berühmte Nüsse, berühmte Strände
- ➤ Radeln im Paradies

Victoria (Mahé)

Hotel Patatran Village (La Digue)

Landstrecke ca. 20 km

2 Tage, Schiffspassagen ca. 1½ Stunden

Kosten: Preis für Fähren, Übernachtungen, Fahrradmiete, Eintritt und Verpflegung ca. 500 Euro pro Person
Mitnehmen: Reisetabletten gegen Seekrankheit
Fahrpläne/Buchungen unter *seychelles-ferry.com*

Überbleibsel eines urzeitlichen Palmenwaldes: das Vallée de Mai

GIGANTISCHE NÜSSE UND TRAUMSTRÄNDE

Am ersten Tag geht es ganz früh morgens in ❶ **Victoria** ➤ S. 42 zum **Inter Island Key** und ab auf die Fähre „Cat Cocos". *Die erste des Tages flitzt bereits um 8 Uhr nach Praslin (tgl. außer So);* bitte äußerst pünktlich sein und ausreichend Zeit für den Fahrkartenkauf einplanen! Bei der Überfahrt kann es bisweilen heftig schaukeln. Nach gut einer Stunde dann die Ankunft am Anleger von **Praslin** ➤ S. 64, der hier nur ❷ **Jetty** genannt wird. *Von dort aus läufst du einfach wenige Minuten zur Hauptstraße und dort zur nächsten Bushaltestelle. Dann nimmst du den Bus zum* ❸ **Vallée-de-Mai-Nationalpark** ➤ S. 65. Denn: ein Muss – die Nuss! Also ausgiebig durch den urtümlichen Palmenwald streunen, so ist man mit der sagenumwobenen Coco de Mer am besten auf Augenhöhe.

Am späten Vormittag geht es mit dem Bus weiter an die ❹ **Anse Lazio** ➤ S. 67. Von der letzten Haltestelle führt ein kurzer Fußweg ans Meer. Zur Mittagspause unbedingt einkehren im Strandrestaurant **Le Chevalier Bay** *(tgl. 9–22 Uhr | Tel. 4 23 23 22 | €€).* Der Nachmittag gehört dieser zauberhaften Bucht, dem Badeparadies schlechthin! Zum Abschluss des Tages locken *nach einer Busfahrt zurück zur* ❺ **Anse Volbert** an der Côte

TAG 1

❶ **Victoria**

50 km 50 Min.

❷ **Jetty**

4,5 km 8 Min.

❸ **Vallée-de-Mai-Nationalpark**

13,5 km 15 Min.

❹ **Anse Lazio**

7 km 10 Min.

❺ **Anse Volbert**

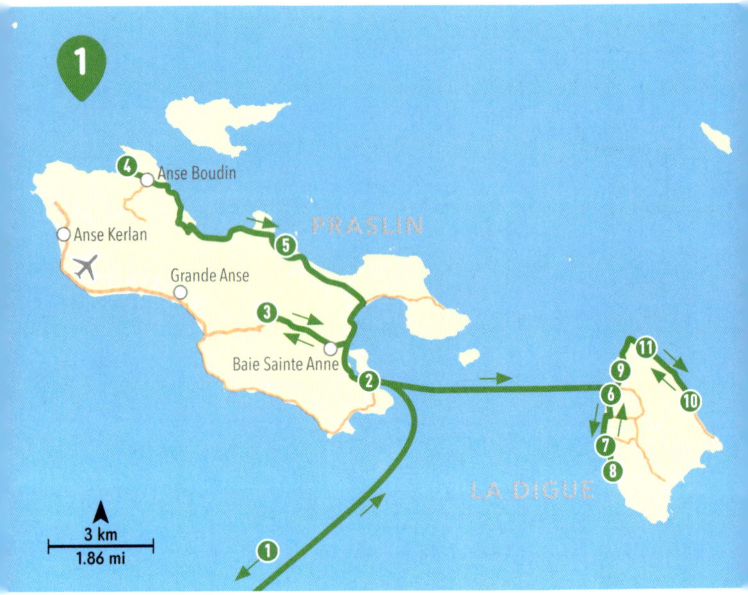

d'Or, der „Goldküste" von Praslin, ein reichhaltiges kreolisches Buffet und die anschließende Übernachtung im freundlichen **Les Lauriers Eco Hotel** *(Tel. 4 29 79 00 | laurier-seychelles.com).*

TAG 2

13 km 1:20 Std.

6 Hafen

2 km 10 Min.

7 L'Union Estate

0,8 km 5 Min.

8 Anse Source d'Argent

AUF DEM RAD UM DIE INSEL

Gleich um 7 oder um 9.30 Uhr geht das Fährboot von Praslin nach **La Digue** ➤ S. 72. Nach einer halbstündigen Fahrt legt es am Anleger im kleinen **6 Hafen** an. Hier nimmst du gleich ein Leihfahrrad (ca. 150 SCR) und *radelst nach rechts Richtung Süden die Küste entlang bis zur Plantage* **7 L'Union Estate** ➤ S. 73. Auf dem Gelände gibt es ein tierisches Rendezvous mit Riesenschildkröten in einem Gehege und mit einem Ochsen in einer alten Kokosnussmühle.
Danach einfach weiterradeln, bis der Weg am Wasser endet. Von dort aus schlängeln sich Pfade durch die wohl schönsten Granitfelsen der Seychellen in die berühmte **8 Anse Source d'Argent** ➤ S. 74, wo erst mal Fotos gemacht werden und anschließend Erholung im seichten Wasser bei einem ausgiebigen Bad ansteht.

Den gleichen Weg wie am Morgen geht es nun zurück, sodass du am frühen Abend in der Hafenbar **9 Tarosa** *(So–Do bis 21 Uhr, Fr/Sa open end | €)* den verdienten Sundowner genießen kannst. Die kleine Bar ist eigentlich nichts wirklich Besonderes; Ambiente, Essen und Service sind eher Durchschnitt. Doch hier in der ersten Reihe an der Reling den Sonnenuntergang zu genießen, ist wirklich sensationell!

INSIDER-TIPP
Schauspiel der Extraklasse

Anschließend radelt es sich schnell zum feinen Abendessen vom Hafen aus nach Norden um die Nordspitze herum bis in die **10 Anse Banane**. Die Belohnung: exquisite, wenn auch nicht ganz billige Meeresfrüchte bei **Chez Jules** *(tgl. 9–21 Uhr | Tel. 2510384 | €€)*. Der himmlische Tagesabschluss: eine Übernachtung direkt am Meer an der **11 Anse Patates** im **Hotel Patatran Village** *(Tel. 4294300 | patatranseychelles.com). Am nächsten Morgen geht's dann wieder an den Hafen, wo du dein Leihrad abgibst und mit der Fähre über Praslin nach Mahé zurückkehrst.*

2,7 km 15 Min.
9 Tarosa

3,5 km 15 Min.
10 Anse Banane

3 km 10 Min.
11 Anse Patates

Relaxen im Paradies: Lesestündchen an der Anse Patates auf La Digue

❷ RUNDFAHRT DURCH DEN SÜDEN DER INSEL MAHÉ

- Die schönsten Buchten der Seychellen
- Kreolische Snacks in originellen Strandcafés
- Künstlern und Kunsthandwerkern über die Schulter schauen

Start: Victoria

Ziel: Victoria

Strecke: 55 km

Dauer: 1 Tag, reine Fahrzeit ca. 3 Stunden

Kosten: ca. 40 Euro für Leihwagen, ca. 20 Euro für Sprit, ca. 30 Euro pro Person für Essen
Achtung: Es gibt nur wenige Tankstellen auf der Insel, den Wagen volltanken!
Besuch im ❺ **Atelier von Michael Adams** möglichst vorher anmelden: *Tel. 4 36 10 06*
❻ **Pineapple Studio** in der Anse Aux Poules Bleues So, **Anchor Café** in der ❼ **Anse à la Mouche** So/Mo geschl.

❶ Victoria
16 km 15 Min.
❷ Vilaz Artizanal
4 km 5 Min.
❸ Anse Royale

INTENSIVSTES INSELFEELING

Verlass ❶ **Victoria** ➤ S. 42 am besten am frühen Vormittag, *um Richtung Süden/Flughafen zu fahren. Die Küstenstraße führt Richtung Anse aux Pins. Nach der großen Abzweigung zur Bergstraße Montagne Posée nimmst du die dritte Abzweigung nach rechts zum Künstlerdorf* ❷ **Vilaz Artizanal** ➤ S. 51. In kleinen tropischen Holzhäuschen reist du in die Vergangenheit und kannst u. a. traditionelles Werkzeug, kunstvoll gebastelte Schiffsmodelle und einheimische Kleinkunst bewundern bzw. kaufen (Eintritt frei).

Weiter geht die Fahrt nach ❸ **Anse Royale** ➤ S. 52, der quirligen, wichtigsten „Stadt" im Süden Mahés, wo es eine der wenigen Tankstellen, eine Apotheke und etliche bunte Läden gibt. Tropisches Alltagsleben erlebst du auf dem kleinen **Markt** mit Fisch, Obst und Gemüse direkt an der Straße. Wer Lust hat, nimmt ein wenig abseits der Fischerboote ein erfri-

Werden zum Transport abgetakelt: Schiffsmodelle im Künstlerdorf Vilaz Artizanal

schendes Bad im Meer. Der Strand ist vor allem von November bis Mai perfekt zum Schwimmen und Schnorcheln. Durst und Hunger stillt man im Strandrestaurant **Kafe Kreol** *(tgl. 10–21.30 Uhr | Tel. 2 60 64 64 | €)* – tolle Lage, super Auswahl! Direkt gegenüber lässt sich in einer der kleinen Boutiquen ein hübsches Souvenir erstehen.

Danach geht es weiter auf der immer einsamer werdenden Küstenstraße nach Süden. Kurz vor Erreichen der Südspitze macht die Straße einen scharfen Rechtsknick und führt über die Berge nach Quatre Bornes, einem kleinen Bergdorf, das sich seine Ursprünglichkeit weitgehend bewahrt hat. *Direkt am Ortseingang, am kleinen Rondell nebst Bushaltestelle, biegst du scharf nach links ab und folgst dann einfach der Straße, die in Serpentinen steil nach unten führt. An der ersten richtigen großen Weggabelung geht es nach rechts auf die Intendance Road, auf der du geradeaus weiterfährst und die Zufahrt zum Hotel Banyan Tree rechts liegen lässt.*

8 km 9 Min.

4 Anse Intendance
10,5 km 10 Min.

Danach geht es über einen nicht befestigten, recht holprigen Weg mit vielen Schlaglöchern direkt zur **4 Anse Intendance** **➤ S. 55**. *Hinter einem kleinen Parkplatz führt ein winziger Pfad zu einer der schönsten Buchten der Welt* – so sehen es jedenfalls internationale Strandrankings. Baden ist an diesem Strand wegen der gefährlichen Unterströmungen leider zu riskant, aber ein kleiner Spaziergang im Sand bleibt unvergesslich. Warum nicht die Füße in denselbigen stecken und einen Drink an der **Summer Bar** *(geöffnet nach Bedarf)* im linken Strandeck genießen: Ein atemberaubendes Panorama ist garantiert!

ZU BESUCH BEIM MEISTER

Von der Anse Intendance geht es auf dem gleichen Weg wieder zurück nach Quatre Bornes hinauf und dann geradeaus nach Norden wieder hinab auf die Küstenstraße, die zunächst über Takamaka und Baie Lazare in die Anse aux Poules Bleues führt. Unbedingt einplanen: einen Stopp im ❺ **Atelier von Michael Adams** ➤ **S. 57**, dem berühmtesten Maler der Seychellen. *Von dort aus führt die Küstenstraße nur wenige Meter nach Norden und biegt dann in das nächste Sträßlein nach links ab, wo ihr hinter einem dunklen Palmenwald auf der rechten Seite das* ❻ **Pineapple Studio** ➤ **S. 57** *findet.* Hier gibt es handgemachte Seifen, Handtücher, T-Shirts und Schmuck vom Feinsten, alles aus eigener Produktion.

Zum Abschluss der Tour geht es wieder zurück auf die Küstenstraße, der ihr weiter nach Norden folgt. In der ❼ **Anse à la Mouche** ➤ **S. 58** steht ein ausgiebiger Strandspaziergang auf dem Programm. Ein Hochgenuss, am späten Nachmittag bei tiefstehender Sonne im seichten Wasser zu planschen! Danach muss man einfach im **Anchor Café** *(Di–Sa 12–21 Uhr | Tel. 4 37 12 89 | €)* auf der anderen Straßenseite haltmachen, nicht nur, weil ein riesiger schwarzer Anker auf

❺ Atelier von Michael Adams

0,3 km 2 Min.

❻ Pineapple Studio

2 km 5 Min.

❼ Anse à la Mouche

Anse à la Mouche: flaches, ruhiges Meer und Schatten spendende Takamaka-Bäume

sich aufmerksam macht, sondern weil dort eine kreolische Köstlichkeit serviert wird, die es sonst nirgendwo in dieser Form gibt: den *blackened fish* („geschwärzter Fisch") mit exotischen Gewürzen. Für Fischfans ein Muss!

INSIDER-TIPP
Black is beautiful!

24 km 25 Min.

Danach fährst du wieder gen Norden bis zur nächsten Abzweigung, die nach rechts in die Les Canelles Road ins Landesinnere einmündet. Über die kurvenreiche Bergstraße gelangst du hinab in die Anse Royale. Wieder an der Ostküste angekommen, biegst du nach links auf die Küstenstraße ab, die auf direktem Weg nach Norden zurück nach ❶ Victoria *führt.*

❶ Victoria

3 AUFSTIEG ZUM NID D'AIGLE AUF LA DIGUE

- Bergwanderung durch Tropenwald
- Exotisch-erfrischende Gipfelgenüsse
- Weitblick über Insel und Meer

Start: Calou Guesthouse
Ziel: Calou Guesthouse
Strecke: ca. 5 km
Dauer: ½ Tag, reine Gehzeit ca. 2½ Stunden
Schwierigkeit: mittel
Höhenmeter: 300 m

Kosten: Übernachtung im ❶ **Calou Guesthouse** ca. 170 Euro (DZ), Snacks und Säfte im Bellevue ca. 15 Euro/Pers.
Mitnehmen: Feste, aber nicht zu schwere Schuhe, Trinkwasser, Sonnenschutz

Wegen der starken Sonne den Vormittag als Wanderzeit wählen. Die Tour nicht direkt nach einem Tropenregen gehen. Öffnungszeiten Snackrestaurant ❷ **Bellevue** abhängig von der Wetterlage, bitte vor Abmarsch bei den Einheimischen nachfragen bzw. beim Betreiber anrufen: *Tel. 2611944.*

Im beschaulichen La Passe beginnt die Wanderung zum Nid d'Aigle

HOCH HINAUF ZUM ADLERHORST

Um die Wanderung gleich früh am relativ kühlen Morgen beginnen zu können, empfiehlt sich im Dorf La Passe eine Übernachtung im ① Calou Guesthouse *(Tel. 4 23 40 83 | calouguesthouse.com)*. Diese kleine Unterkunft ist eine lauschige, familiäre Herberge mit großer deutsch-seychellischer Tradition. Hier wird auch sehr leckeres kreolisches Essen serviert, das exklusiv nur für Übernachtungsgäste zubereitet wird.

Am Morgen geht's nach einem frühen Frühstück zu Fuß *auf der „Hauptstraße" – das Calou Guesthouse liegt linker Hand – Richtung Süden weiter ins Inselinnere. Nach nur ca. 5 Minuten kommt auf der linken Seite das Hotel Chateau St. Cloud. Der Weg hinauf zum Gipfel des Nid d'Aigle beginnt nach weiteren 5 Minuten an einer Weggabelung im zentralen Inselteil,* der den Namen La Réunion trägt. *Von dort führt nach links ein Sträßchen ostwärts ins bergige Inselinnere.*

Auch wenn es etliche Trampelpfade durch die tropische Vegetation hinauf zum Gipfel gibt: Bitte dem kleinen Sträßchen folgen! Selbst die Einheimischen kennen

① Calou Guesthouse

2 km 1¼ Std.

den Weg durch den Wald nicht genau. Nun beginnt der eigentliche Weg hinauf auf den Berg, der ca. 2,5 km lang ist und teilweise steil ansteigt. In Verbindung mit der hohen Luftfeuchtigkeit und der selbst so früh am Tag schon spürbaren Hitze kann der Aufstieg anstrengend werden. Lass es deshalb ruhig angehen und hab lieber ein Auge für die tropischen Blumen und Pflanzen am Wegesrand.

Der asphaltierte Weg schraubt sich den Bergrücken hinauf, *wobei du dich an der ersten Abzweigung links hältst, an der zweiten rechts.* Schatten gibt es kaum und die Sonne brennt an wolkenlosen Tagen, aber am Ende der befestigten Straße winkt eine Verschnaufpause: Das winzige, etwas improvisiert wirkende Snackrestaurant **2 Bellevue** ist perfekt für einen Zwischenstopp, denn es lockt mit einer atemberaubenden Aussicht und mit besonders leckeren, frisch gepressten exotischen Säften (Favorit: Mango!): perfekte Energiespender, die die ausgepowerten Beine für den letzten Wanderabschnitt wieder fit machen.

INSIDER-TIPP
Fruchtige Fitmacher

2 Bellevue

Für den Aufstieg zum Gipfel, der direkt hinter dem Bellevue beginnt, *verlässt du den befestigten Weg und kraxelst über einen kleinen Pfad.* Dieser ist mal in einem besseren, mal in einem schlechteren Zustand – je nach Wetterlage. Nach längerem Regen verwandelt sich die oftmals ausgewaschene rote Erde in einen schlüpfrigen Untergrund.

0,5 km 20 Min.

Nach ca. 20 bis 30 Minuten (je nach Hitze und Kondition) naht dann der Gipfel: das **3 Nid d'Aigle**, der „Adlerhorst": Auf einer Höhe von 333 m stehst du mitten im Blau von Himmel und Meer! Genieß die sensationelle Aussicht über La Digue und den einzigartigen Panoramablick auf Praslin! Auch die anderen vorgelagerten kleinen Nachbarinseln geben tolle Fotomotive ab. Wenn du alles gebührend bestaunt hast, *erfolgt der Abstieg zurück zum* **1 Calou Guesthouse** *auf der gleichen Route.*

3 Nid d'Aigle

2,5 km 55 Min.

1 Calou Guesthouse

Inselwelt aus der Vogelperspektive: Ausblick vom Adlerhorst Nid d'Aigle

4 BERGWELT UND TROPENWALD AUF MAHÉ

- Im Nebelwald seltene Pflanzen und Tiere entdecken
- Auf den Spuren der ersten Siedler wandeln
- Eine Teeplantage besuchen und kreolisch essen

Start: Victoria
Ziel: Victoria

Strecke: 35 km
Dauer: 1 Tag, reine Fahrzeit 2, Wanderung reine Gehzeit 2 Std. (3 km)

Schwierigkeit: mittel
Höhenmeter: 300 m

Kosten: ca. 80 Euro für Leihwagen/Benzin, ca. 50 Euro/ Pers. für Essen, ca. 7 Euro Eintritt Copolia Trail
Mitnehmen: Badezeug, festes Schuhwerk, ggf. Stöcke, Trinkwasser, Moskitospray für den Wald, Sonnenschutz
5 **Tea Factory:** Öffnungszeiten auf Anfrage, auch Führung am besten vorher verabreden: *Tel. 4 28 50 00*
Für Ungeübte empfiehlt es sich, einen Bergführer zu buchen, z. B. *Alvin Jean-Bonnelame (Tel. 2 62 06 78),* oder über *getyourguide.de*

❶ Victoria

4,5 km 10 Min.

❷ Copolia Trail

1,5 km 1 Std.

❸ Copolia

IM FRÜHTAU ZU BERGE ...

Am besten verlässt du ❶ Victoria ➤ S. 42 *gegen 8 Uhr und biegst vor dem Botanischen Garten auf der Liberation Avenue an der ersten Abzweigung bergwärts nach Westen ab. Die Route führt durch den Vorort Bel Air, dann folgst du nach links der Sanssouci Road, die in die Fôret Noire Road übergeht.*

Nach ca. 15 Minuten auf der steilen Bergstraße siehst du rechter Hand ein weißes Anwesen am Hang liegen, die Unterkunft *Copolia Lodge*, die für Naturliebhaber eine gute B-&-B-Alternative ist. Parallel zum Anwesen bzw. zur Straße kannst du den Leihwagen am Straßenrand parken. Dann links am grüngelben Schild in den ❷ Copolia Trail einsteigen, der zunächst tief nach unten führt und einen kleinen Bachlauf passiert, bevor er dann z.T. sehr steil über ausgewaschene Felsen und Wurzeln nach oben geht. *Meist ist der schattige Pfad ganz gut erkennbar, im Zweifel halte dich an die (wenigen) gelben, waagerechten Farbmarkierungen.* Mit etwas Glück entdeckst du hier die kleinsten Frösche der Welt und regungslose Stabheuschrecken, an denen man wegen ihrer perfekten Tarnung meist achtlos vorübergeht. Außerdem gibt's hier eine wohltuende, exotische Atemdusche, denn der Duft von Zimt und Nelken ist unglaublich intensiv!

DAS IST DOCH DER GIPFEL!

Nach 1 km (ca. 45 Min. Gehzeit) steht dann eine kleine Felswand im Weg, die sich mit Hilfe einer Leiter überwinden lässt. Dann hast du das Ziel erreicht: das riesige, fast 500 m hohe Granitplateau der ❸ Copolia. Hier unbedingt verweilen und den sagenhaften Ausblick auf die Hauptstadt, ihren Hafen und die vorgelagerten Inseln genießen, aber Achtung am Felsrand: Absturzgefahr! Vom Meer klettert üppiges Grün die Hänge hinauf, doch einige Bergpflanzen sind alles andere als vegetarisch. Auf der Granitkuppe der Copolia hausen Fleischfresser: die Kannenpflanzen, die das Plateau in dichten Hecken einrahmen und geschickt Insekten verschlingen. Das Zuschauen lohnt sich!

INSIDER-TIPP
Volle Kanne!

PRÄSIDENTENVILLEN UND MISSIONSSTATION

3,5 km 1:10 Std.

Über den gleichen Weg geht's schließlich zurück zum Wagen, und dann weiter die längste Bergstraße Mahés hinauf – vorbei an den Häusern der ehemaligen seychellischen Präsidenten James A. Michel (linker Hand, mit einem kleinen runden Turm) und France Albert René (rechter Hand, mit einer kleinen Kanone). Nach ca. 10 Min. öffnet sich rechts das Areal der **4 Mission Lodge**. Vom Parkplatz aus sind es nur wenige Schritte zur Ruine der verfallenen Missionsstation aus der Zeit der Sklavenbefreiung (19. Jh.). Der Aussichtspunkt belohnt dich mit einem atemberaubenden Blick über den Morne-Seychellois-Nationalpark und die Westküste mit ihren vorgelagerten Inseln.

4 Mission Lodge

2,5 km 5 Min.

Anschließend führt die Sanssouci Road weiter nach Westen: Du erlebst dabei eine wahre Berg-und-Tal-Fahrt durch tropischen Hochwald und zahlreiche Teeplantagen. *Nach ca. 10 Minuten steht auf der linken*

Insekten, aufgepasst: Auf der Copolia wachsen fleischfressende Pflanzen

❺ Tea Factory

Seite die ❺ **Tea Factory** *(Öffnungszeiten unregelmäßig, Sa/So geschl., vorher anfragen | Tel. 4 28 50 00).* Hier bekommst du nach Voranmeldung Führungen und eine Tasse Tee – oder auch zwei …

5 km 10 Min.

MEHR ALS NUR EIN RESTAURANT

Danach folgst du der Bergstraße talwärts weiter in Richtung Westen. Nach ein paar Minuten endet sie an der Küste. Hier biegst du nach rechts ab, um nach weiteren 800 m in Port Glaud eine Mittagspause am Meer im Restaurant ❻ **Del Place** *(tgl. 12–22 Uhr | Tel. 2 81 41 11 | delplace-seychelles.sc | €€)* zu genießen. Das *Del Place* ist mehr als ein Restaurant, es ist ein Sehnsuchtsort: Hier kann man die Seele nicht nur baumeln, sondern auf der Terrasse regelrecht über dem Meer schweben lassen. Wer nach feinstem Thunfischsteak und frittiertem Oktopus ins Wasser will, steigt einfach von der Treppe direkt hinab ins plätschernde Türkis.

❻ Del Place

INSIDER-TIPP
Holzdeck des Glücks

5 km 10 Min.

ZURÜCK ANS MEER

Am Restaurant wendest du dann und fährst auf der gleichen Strecke zurück Richtung Süden bis zur beeindruckenden Bucht ❼ **Grand' Anse**. Hier einfach direkt

❼ Grand' Anse

Mühsame Handarbeit: das Teepflücken in den Bergplantagen auf Mahé

am Schulsportplatz parken, um dann bei meist tosender Brandung einen Strandspaziergang zu machen. Das pustet den Kopf wohltuend durch! Das Baden ist allerdings streng verboten, denn es gibt lebensgefährliche Strömungen.

Vom Parkplatz aus geht es dann weiter nach rechts (bzw. nach Süden) und zur nächsten größeren Kreuzung, um dort an der Tankstelle nach links wieder in die Berge nach La Misère abzubiegen. Diese eindrucksvolle, an bewaldeten Hängen entlangführende Straße führt dann wieder direkt zurück nach **1 Victoria**.

10,5 km 15 Min.

1 Victoria

GUT ZU WISSEN

DIE BASICS FÜR DEINEN URLAUB

ANKOMMEN

ANREISE

Egal, welche Insel man auf den Seychellen ansteuert – man landet zunächst auf der Hauptinsel Mahé: Ab Frankfurt/Main geht mit Condor von Oktober bis April einmal wöchentlich ein Nonstop-Flug nach Mahé; Dauer ca. 10 Std. Direktverbindungen ab Zürich unterhält die Schweizer Fluglinie Edelweiss. Außerdem gibt es Umsteigeverbindungen von British Airways, Air France, Emirates, Etihad, Qatar Airways, Ethiopian Airlines und Turkish Airlines. Von der jeweiligen Fluglinie hängt es ab, ob bei einem Weiterflug nach Praslin das Gepäck direkt durchgecheckt wird.

+ 3 Stunden Zeitverschiebung

Während der Sommerzeit in Europa nur + 2 Stunden

EINREISE & ZOLL

Benötigt wird ein Reisepass, der mindestens bis zum Tag der Abreise gültig ist und genügend Platz (zwei leere Seiten) für amtliche Sichtvermerke hat. Kinder brauchen ein eigenes Reisedokument. Über die offizielle Website der seychellischen Regierung *(seychelles.govtas.com)* ist online eine digitale Einreisegenehmigung zu beantragen – dies ist frühestens 10 Tage vor Reiseantritt möglich. Die *Travel Authorization* ersetzt die alte Einreisekarte in Papierform. Gefragt wird beim Ausfüllen des Online-Formulars nach Reisepass, Passbild, Kontaktdaten, Buchungsbestätigung der Airline und der ersten Unterkunft sowie Kredit- oder Bankkarte.

Nicht mehr ganz frisch, aber zuverlässig: Bus auf Mahé

Adapter Typ G

Die Seychellen haben eine Netzspannung von 240 V und das britische Steckdosensystem. Auf jeden Fall den entsprechenden Adapter mitbringen. Es empfiehlt sich auch, ein Ersatzladekabel fürs Handy mitzuführen. Luftfeuchtigkeit, Insekten und/oder Strandsand haben schon so manche Steckverbindung ruiniert.

Bei der Einreise gelten pro Person folgende Freimengen: 2 Liter Spirituosen, 2 Liter Wein und 200 Zigaretten. Jeder Besucher darf zollfrei eine Video- und Kameraausrüstung, tragbare elektronische oder elektrische Geräte, Sportausrüstung und andere Gegenstände des Freizeitbedarfs einführen. Achtung: Es ist streng verboten, Pflanzen, Samen, frische tierische Erzeugnisse sowie Obst und Gemüse einzuführen, es drohen empfindliche Strafen. Eingeschweißte bzw. abgepackte Lebensmittel sind erlaubt.
Bei der Rückreise in EU-Staaten dürfen pro Person zollfrei eingeführt werden: 1 Liter Spirituosen über 22 Vol.-%, 2 Liter alkoholische Getränke unter 22 Vol-.%, 200 Zigaretten. Für eine Coco-de-Mer-Nuss benötigst du offizielle Ausfuhrpapiere der Seychellen. Streng verboten ist alles, was unter die Artenschutzbestimmungen fällt (Korallen, Muscheln, Produkte aus Schildpatt etc.). Weitere Infos: *zoll.de, bmf.gv.at, bazg.admin.ch*

KLIMA & REISEZEIT

Auch vor den Seychellen macht der Klimawandel nicht halt. Daher wird eine Empfehlung für die beste Reisezeit immer schwieriger. Grundsätzlich gilt aber: Die durchschnittliche Tagestemperatur beträgt ca. 28 Grad, nachts ca. 25 Grad. In den Monaten April/Mai und Oktober/November wechseln die Winde, was zu einer tendenziell stabileren Wetterlage mit verhältnismäßig wenig Regen führt, was aber nicht heißt, dass es nicht auch mal ordentlich schütten kann. Die höchste Regenwahrscheinlichkeit herrscht in der sogenannten klassischen Regenzeit (Dez.–Feb.). Trockener ist es in den Monaten des *vann-swet* (Südostmonsun), d.h. meist Mitte Mai bis Mitte Oktober. Dann ist es kühler, d.h. weniger tropisch schwül und insgesamt angenehmer, aber dafür auch deutlich windiger, mit der Neigung zu stärkerem Wellengang und Seegras-Anschwemmungen an den Stränden. An der Gesamtniederschlagsmenge gemessen ist es zwar tendenziell trockener als in den Zeiten des Nordwestmonsuns (Mitte Okt.– Mitte Mai), doch länger anhaltender, nerviger (Niesel-) Regen und graue, bewölkte Tage sind keine Seltenheit. Generell gilt: Auf den Seychellen gibt es keine Sonnenscheingarantie, und schon gar nicht für 365 Tage im Jahr!

WEITER-KOMMEN

BUS

Das wichtigste Fortbewegungsmittel auf den Inseln Mahé und Praslin sind die Busse – allesamt blau, Marke Tata (Indien). Busfahrten sind ein echtes Abenteuer. Eine Fahrt ohne Umsteigen, egal wohin, egal wie lange, kostet 10–12 SCR (ca. 0,60–0,80 Euro). Die Seychellen haben auf ein bargeldloses Ticketsystem umgestellt; du benötigst eine personengebundene SPTC Visitors Travel Card *(Details: sptc.sc)*.

INSIDER-TIPP
Mit dem Blauen ins Blaue

Einfach mal in einem der meist überfüllten blauen Tata-Busse über Montplaisir oder nach La Gogue durchs Landesinnere gondeln! Wilde Ananas, Riesenbambus, Schirmakazien säumen die engen Bergstraßen.

In der Regel sind über den Frontscheiben Displays mit dem Endfahrziel angegeben. Bushaltestellen erkennt man daran, dass auf dem Asphalt *Bus Stop* aufgeschrieben ist und es manchmal einen Unterstand am Straßenrand gibt. Fahrpläne sucht man allerdings vergebens. Wer Abfahrtszeiten wissen will, fragt am besten die Einheimischen oder im Guesthouse bzw. Hotel. Ein Fahrplan *(schedule)* findet sich auch auf der Website der *Seychelles People Transport Corporation (sptc.sc)* – inwieweit der aber gerade gültig ist bzw. eingehalten wird, steht in den Sternen.

FAHRRAD

Auf La Digue ist das Hauptfortbewegungsmittel das Fahrrad. Bereits am Fähranleger kommen eifrige Fahrradverleiher auf die Tagestouristen zu, um ihnen ihre Drahtesel zu vermieten. Kosten pro Tag: 150 SCR. Bitte keine Hightech-Bikes erwarten! Die Räder sind allesamt in eher bemitleidenswertem Zustand, z. T. ohne Gangschaltung und schwerfällig. Fahrradschlös-

FESTE & EVENTS

RUND UMS JAHR

MÄRZ/APRIL

An **Karfreitag** und **Ostersamstag** bzw. **-sonntag** werden Prozessionen und Osternächte veranstaltet. Eine der eindrucksvollsten Karfreitagsprozessionen auf Mahé schraubt sich jährlich das steile Bergsträßchen *Anse Louis Road* von der Anse Boileau zum Kirchlein La Salette hinauf

AUGUST

Auf La Digue findet das Festival **Lafet Ladig** statt

An **Mariä Himmelfahrt** (15.8.) steht die gesamte Insel Mahé kopf! Auf eine eindrucksvolle Prozession folgt Party mit Nonstop-Musik, Tanz und Jahrmarkttreiben

AUGUST/SEPTEMBER

Regatta 50 Round Table: An einem Wochenende wird Beau Vallon (Mahé) zum Treffpunkt für alle VIPs der Seychellen. Gäste können an der Uferpromenade bei Musik und kulinarischen Köstlichkeiten mitfeiern

OKTOBER

India Day (1. Wochenende im Okt.) rund um den Hindutempel *Arul Mihu Navasakthi Vinayagar* in Victoria (Mahé) – auf dem großen Parkplatz vorm Stadion gibt es einen indischen Jahrmarkt mit viel Bollywood-Atmosphäre

Festival Kreol (letzte Oktoberwoche); das wichtigste Event im Veranstaltungskalender der Seychellen. Kreolische Kultur aus aller Welt ist zu Gast auf den Seychellen. Gefeiert wird überall und in jeder Form – von Straßenumzügen und Tanzvorführungen über Gastroshows in Restaurants bis zu Fachvorträgen über die kreolische Sprache im *lenstiti kreol* (Kreolisches Institut, Anse aux Pins, Mahé)

Karnaval Seselwa (letztes Oktoberwochenende), parallel zum Festival Kreol; Helau und Alaaf auf den Seychellen mit einem farbenprächtigen Faschingsumzug (Foto), an dem regelmäßig auch deutsche Karnevalsvereine teilnehmen ser gibt es nicht, dafür meist einen Korb auf dem Gepäckträger. Für alle Fälle nach der Telefonnummer des Verleihers fragen, falls unterwegs eine Panne passiert – man wird dann in der Regel fix abgeholt.

ISLAND HOPPING

Von Insel zu Insel geht es – abhängig vom jeweiligen Ziel – entweder übers Wasser oder durch die Luft. Mit der Fähre *Cat Cocos (catcocos.com)* geht es nach Praslin (Preis hin und zurück pro Person 120 Euro), mit der *Cat Roses* nach La Digue (30 Euro hin und zurück). Silhouette wird mit dem hoteleigenen Boot angesteuert. Mit dem Flugzeug startet man am Domestic Airport: *Air Seychelles* fliegt nach Praslin, Bird und Denis; die Maschinen der *IDC (Island Developping Company)* steuern Alphonse und Desroches an. Mit dem Helikopter gelangt man nach North und Frégate.

MIETWAGEN

Sowohl auf Mahé als auch auf Praslin gibt es zahlreiche Autoverleiher *(car hire)*. Einen Mietwagen sollte man sich aber nur nehmen, wenn man sich zutraut, auf den z.T. sehr engen und schlecht ausgebauten Straßen den Linksverkehr zu meistern. Voraussetzung: Du bist 21 Jahre alt und kannst einen Führerschein vorlegen. Bisweilen fragen die Vermieter, ob man eine mindestens dreijährige Fahrpraxis hat. Manche drohen saftige Geldstrafen an, wenn zu viel Sand vom Strand im Auto landet. Die Preise variieren je nach Leihdauer zwischen 50 und 70 Euro pro Tag. Wer direkt im Hotel einen Wagen anmietet, muss meist deutlich mehr hinblättern. Achtung: Es gibt nur wenige Tankstellen, daher rechtzeitig Benzin nachfüllen!

TAXI

Taxifahren auf den Seychellen ist teuer. Seit Jahren wird über die Einführung von Taxametern gestritten, getan hat sich bisher nichts, daher vorher unbedingt nach den Fahrtkosten fragen! Meist wird ein Fantasiepreis angegeben, aber zum Handeln besteht wenig Chance. Im Zweifel versuchen, einen Nachlass von 100 SCR zu bekommen, bzw. den nächsten Taxifahrer um Auskunft bitten, was in der Regel aber auch nicht viel bringt, da Preisabsprachen üblich sind. Auf Mahé kostet die Fahrt vom Flughafen in den Süden ca. 700 SCR, nach Beau Vallon ca. 450 SCR. Auf Praslin kostet die Fahrt von der Grand' Anse an den Fähranleger *(jetty)* ca. 350 SCR. Wer sich einen privaten Taxifahrer für eine ganztägige Erkundungstour auf Mahé buchen möchte, sollte mit 80–100 Euro (pro Person!) rechnen.

IM URLAUB

AUSKUNFT VOR ORT

Das seychellische Fremdenverkehrsamt *Seychelles Tourism Board STB (seychelles.travel | seychellestourism board.travel)* ist auf den drei Hauptinseln zu den Hauptgeschäftszeiten Mo–Fr 8–16 Uhr ansprechbar:

– *Victoria: Tourist Information Office | Independence House | Tel. 4 61 08 80*

– Praslin: Tourist Information Office | Île de Palme Airport (Ankunftshalle) | Tel. 4 23 33 46
– La Digue: Tourist Information Office | La Passe | Tel. 4 23 43 93

Weitere Infos gibt es bei den wichtigsten Reiseveranstaltern vor Ort: *Mason's Travel (Revolution Ave. | Victoria | Mahé | Tel. 4 28 88 88 | masonstravel.com), Creole Travel Service (Orion Mall | Promet Building | Victoria | Mahé | Tel. 4 29 70 00 | creoletravelservices.com)* und *7° South (HD Building | Zone 6 | Providence | Victoria | Mahé | Tel. 4 29 28 00 | 7south.net).*

WAS KOSTET WIE VIEL?

Imbiss	5 Euro *für ein kreolisches Takeaway-Gericht*
Bier	1,20 Euro *für eine Flasche Seybrew-Bier (0,28 l) im Laden*
Coco de Mer	ab 350 Euro *für eine präparierte Nuss mit Zollpapieren*
Obst	ca. 5 Euro *für eine kleine Auswahl beim Straßenhändler*
Bootstörn	ab 120 Euro/Pers. *für eine Tagestour zu kleineren Inseln inkl. Barbecue*
Thunfisch	1,40 Euro *für eine Dose im Supermarkt*

FEIERTAGE

1./2. Jan.	*New Year* (Neujahr)
1. Mai	*Labour Day* (Tag der Arbeit)
18. Juni	*National Day* (Nationalfeiertag)
29. Juni	*Independence Day* (Unabhängigkeitstag)
15. Aug.	*Assumption* (Mariä Himmelfahrt)
1. Nov.	*All Saints* (Allerheiligen)
8. Dez.	*Immaculate Conception* (Mariä Empfängnis)
25. Dez.	*Christmas Day* (Weihnachten)
31. Dez.	*New Year's Eve* (Silvester)

FOTOGRAFIEREN

Die Seychellen sind die ideale Fotolocation, allerdings gibt es einiges zu beachten: Die klimatischen Bedingungen (hohe Luftfeuchtigkeit, Salzgehalt in der Luft) erfordern sorgsameren Umgang mit der Ausrüstung. Technisches Fingerspitzengefühl ist bei Aufnahmen in der gleißenden Äquatorsonne vonnöten. Beste Lichtverhältnisse gibt es in den Vor- bzw. Nachmittagsstunden. Immer mehr Hotels gehen dazu über, ihr Areal zu drohnenfreien Zonen zu erklären. Hier bitte unbedingt vorher abklären, ob Drohnenaufnahmen erlaubt sind.

GELD & WÄHRUNG

Die einheimische Währung ist die seychellische Rupie (SCR); 1 Euro = ca. 14 SCR (Online-Währungsrechner: *oanda.com*). Mit Rupien als Bargeld zahlt man vor allem in den kleinen indischen Läden und an den Takeaway-Ständen. Kreditkarten werden von größeren Supermärkten, Souvenirshops und Restaurants akzeptiert. Geldwechsel geht gleich bei der Ankunft am Flughafen oder bei Banken, wo auch Geldautomaten (ATM) vorhanden sind. In größeren Hotels oder bei Reiseveranstaltern bzw. Touranbietern vor Ort werden oft die Preise in Euro angegeben. Als Faustregel gilt: Wo etwas in Euro angeboten wird, kann auch in Euro bezahlt werden.

INTERNET & WLAN

Mittlerweile verfügen fast alle Hotels und Guesthouses über recht guten Internetzugang. Einige Restaurants und Bistros werben sogar mit Free WiFi. Alternativ kannst du dir bereits bei Ankunft am Flughafen oder bei den Filialen von *Airtel* oder *Cable&Wireless* SIM-Karten oder Sticks mit ordentlich Datenvolumen besorgen.

TELEFONIEREN

Die internationale Vorwahl für die Seychellen ist 00248. Vorwahl nach Deutschland 0049, nach Österreich 0043 und in die Schweiz 0041.

TRINKGELD

Die Rechnungen von Hotels, Restaurants, Bars etc. enthalten meist bereits eine Servicepauschale von 5–10 %. Trinkgelder darüber hinaus werden nicht erwartet. Überdurchschnittlich bemühtem Personal kannst du natürlich trotzdem eine Kleinigkeit geben.

NOTFÄLLE

DIPLOMATISCHE VERTRETUNGEN

– *Deutsches Honorarkonsulat: Kerstin Henri (Honorarkonsulin) | c/o Centre of Environment, Education and Nature | Roche Caiman | Tel. 4 60 11 00/01 | Notfallnummer 2 71 83 50 | german consul@natureseychelles.org*

– *Honorarkonsulat der Republik Österreich: Glacis | Mahé | bei Redaktionsschluss vorübergehend geschl., zuständig zzt. die Botschaft in Nairobi (Kenia): Tel. +254 (0)20 4 06 00 22*

– *Generalkonsulat der Schweiz | Le Chantier Dental Clinic | Bel Etang | Building 4 | Mont Fleuri | Mahé | Tel. 4 22 43 54 | victoria@honrep.ch*

GESUNDHEIT

Die gute Nachricht vorweg: Wer aus Europa auf die Seychellen einreist, benötigt keine Pflichtimpfungen. Eine Anreise über Zentralafrika (z.B. mit Ethiopian Airlines über Äthiopien) macht jedoch – je nachdem, wie lang der Zwischenstopp dauert – eine Gelbfieberimpfung notwendig. Generelle Empfehlung: Den Status der üblichen Impfungen (Polio, Hepatitis etc.) rechtzeitig vorher prüfen lassen und Impfausweis mitführen.

Die ärztliche Versorgung auf den Seychellen ist gut, aber nicht sehr gut und bei schwierigen Fällen nicht immer mit europäischen Standards vergleichbar. Die private Auslandskrankenversicherung sollte einen Rücktransport enthalten. Kleinere Blessuren lassen sich in den *clinics* (Lazarette in den größeren Buchten) kurieren, schwierigere Fälle werden ins Victoria Hospital *(Mont Fleuri | Tel. 4 37 12 22)* verlagert. Ausländer müssen ihre Behandlungen vor Ort bar bezahlen.

Moskitos können vor allem in den Morgen- und Abendstunden nerven. Bisweilen treibt auch die Asiatische Tigermücke ihr Unwesen, die das heftige Denguefieber auslösen kann. Die schwirrenden Plagegeister lassen sich aber mit einem wirksamen Mückenspray (z.B. Antibrumm, No Bite) in Schach halten. Vor allem auf Mahé wird bisweilen der Prozessionsspinner zur Plage, bei den Einheimischen auch als *hairy caterpillar* oder *senir plim* bekannt. Die über den Wind verbreiteten Härchen dieser Raupe, die vor allem in Mango- und Terrassenbäumen nisten, können zu heftigem Hautausschlag mit juckenden Pusteln führen. Dagegen helfen ein Antihistaminikum und Hydrocortisonsalbe in der Reiseapotheke. In schlimmen Fällen können Fieber, Schüttelfrost und Atemnot auftreten. Die *clinics* in den größeren Buchten können im Notfall mit Kortisonspritzen weiterhelfen.

NOTRUF

Allgemeiner Notruf für Krankenwagen, Polizei und Feuerwehr: Tel. 999
Polizeidurchwahl Mahé, Hauptquartier Victoria: Tel. 4 28 80 00
Mahé Victoria Hospital: Tel. 4 38 80 00
Praslin Hospital: Tel. 4 23 23 33
La Digue Hospital: Tel. 4 23 42 55

WICHTIGE HINWEISE

SICHERHEIT

Der kleine Inselstaat ist ein recht sicheres Reiseland; auch nachts kannst du dich bedenkenlos außerhalb der Unterkunft bewegen. Einsame Strände solltest du dann allerdings meiden.

WETTER AUF MAHÉ

Hauptsaison
Nebensaison

	JAN.	FEB.	MÄRZ	APRIL	MAI	JUNI	JULI	AUG.	SEPT.	OKT.	NOV.	DEZ.
Tagestemperaturen	28°	29°	29°	30°	29°	28°	27°	27°	28°	28°	29°	28°
Nachttemperaturen	24°	25°	25°	25°	25°	25°	24°	24°	24°	24°	24°	24°
Sonnenschein Stunden/Tag	6	6	7	8	8	7	7	7	7	7	7	7
Niederschlag Tage/Monat	15	10	11	10	9	9	8	7	8	9	12	15
Wassertemperatur in °C	27	28	28	29	28	27	26	26	26	26	27	27

Sonnenschein Stunden/Tag · Niederschlag Tage/Monat · Wassertemperatur in °C

SPICKZETTEL ENGLISCH

SMALLTALK

ja/nein/vielleicht	yes/no/maybe	jäs/nəu/mäibi
bitte/danke	please/thank you	plihs/θänkju
Wie bitte?	Pardon?	'pahdn?
Gute(n) Morgen!/Tag!/ Abend!/Nacht!	Good morning!/ afternoon!/evening!/ night!	gud 'mohning/aftə'nuhn/ ihwning/nait
Hallo!/Auf Wiedersehen!	Hello!/Goodbye!	hə'ləu/gud'bai
Ich heiße …	My name is …	mai näim is …
Wie heißt du?/Wie heißen Sie?	What's your name?	wots jur näim?
Ich komme aus …	I'm from …	aim from …
Entschuldigen Sie!	Excuse me!	iks'kjuhs mi
Das gefällt mir (nicht).	I (don't) like this.	ai (dəunt) laik Dis
Ich möchte …	I would like to …	ai wudd 'laik tə …

ZEIGEBILDER

ESSEN & TRINKEN

Die Speisekarte, bitte.	The menu, please.	Də 'mänjuh plihs
Könnte ich bitte … haben?	May I have …, please?	mäi ai häw …, plihs?
Messer/Gabel/Löffel	knife/fork/spoon	naif/fohrk/spuhn
Salz/Pfeffer/Zucker	salt/pepper/sugar	sohlt/'päppə/'schuggə
Essig/Öl	vinegar/oil	'viniga/oil
Milch/Sahne/Zitrone	milk/cream/lemon	milk/krihm/'lämən
mit/ohne Eis/ Kohlensäure	with/without ice/gas	wiD/wiD'aut ais/gäs
Vegetarier(in)/Allergie	vegetarian/allergy	wätschə'tăriən/'ällədschi
Ich möchte zahlen, bitte.	May I have the bill, please?	mäi ai häw De bill plihs
Rechnung/Quittung	bill/receipt	bill/ri'ssiht
bar/ec-Karte/Kreditkarte	cash/ATM card/ credit card	käsch/äi ti äm kahrd/ krädit kahrd

NÜTZLICHES

Wo ist …?/Wo sind …?	Where is …?/ Where are …?	'weə is…?'weə ahr …?
Wie viel Uhr ist es?	What time is it?	wot 'taim is it?
heute/morgen/gestern	today/tomorrow/ yesterday	tə'däi/tə'morəu/'jästədäi
Wie viel kostet …?	How much is …?	'hau matsch is …
Wo finde ich einen Internetzugang/WLAN?	Where can I find internet access/Wifi?	'weə känn ai faind 'internet 'äkzäss/waifai?
Hilfe!/Achtung!/ Vorsicht!	Help!/Attention!/Caution!	hälp/ə'tänschən/'koschən
Apotheke/Drogerie	pharmacy/chemist	'farməssi/kemist
Fieber/Schmerzen	fever/pain	fihvə/peyn
kaputt/funktioniert nicht	broken/doesn't work	'brəukən/'dasənd wörk
Panne/Werkstatt	breakdown/garage	'bräikdaun/'gärasch
Fahrplan/Fahrschein	schedule/ticket	'skädjuhl/'tikət
0/1/2/3/4/5/6/7/8/9/ 10/100/1000	zero/one/two/three/ four/five/six/seven/ eight/nine/ten/(one) hundred/(one) thousand	'sirou/wan/tuh/θri/fohr/ faiw/siks/'säwən/äit/nain/ tän/('wan) 'handrəd/ ('wan) θausənd

URLAUBS FEELING

ZUM EINSTIMMEN & AUSKLINGEN

LESESTOFF & FILMFUTTER

SEYCHELLEN – SEHNSUCHT NACH DEM PARADIES

Reiseimpressionen von Reinhold Krämer, die in Etappen über die Inseln führen und durch praktische Tipps abgerundet werden. Interessant: der kritische Blick hinter die Kulissen bzw. darauf, was das Paradies der Seychellen gefährdet (2017).

EIN GANZES JAHR SEYCHELLEN

Autorin Heike Mallad beschreibt in 12 Kapiteln den Jahreskreis auf den Seychellen in tagebuchähnlicher Form, gewürzt mit viel Humor (2018).

SO SCHMECKEN DIE SEYCHELLEN

Kulinarischer Reiseführer, in dem sich die wichtigsten Rezepte der kreolischen Küche wiederfinden und einheimische Obst- und Gemüsesorten, Gewürze und Fische in Wort und Bild porträtiert werden (2018).

GOODBYE EMANUELLE

Durch den auf La Digue gedrehten Erotikstreifen (Teil 3 der „Emanuelle"-Serie) wurden die Seychellen einem breiten Publikum bekannt. Traumhafte Naturaufnahmen machen die flache Handlung wett (1977).

PLAYLIST QUERBEET

0:58

PHILIP TOUSSAINT – SEGA POU OU
Mehr Seychellen in der Musik geht nicht! Moderner Sega für Chillout und Hüftschwung

JEAN MARC VOLCY – MADAME SANDAPPEN
Der Altmeister der seychellischen Musikszene mit exotischer Sega-Romantik

JOENISE JULIETTE – MALER NAPA BALIZAZ
Fröhlicher Sega mit weiblichem Charme, der die Sehnsucht nach den Seychellen weckt

MERSENER – PA ROD PROBLENM
Reggae-Shootingstar mit Gute-Laune-Garantie

DAVE SINON – DOUDOU
Easy-Listening-Reggae zum Dahinschmelzen

Den Soundtrack zum Urlaub gibt's auf **Spotify** unter **MARCO POLO** Seychelles

Oder Code mit Spotify-App scannen

AB INS NETZ

WOLKENWEIT.DE
Ausführlicher und übersichtlicher Blog einer jungen Deutschen, die im Online-Marketing unterwegs ist, seit drei Jahren auf La Digue ihren Traum lebt und ihre Empfehlungen auf sehr persönliche und ansprechende Weise weitergibt.

INSIDESEYCHELLES.COM
Aktueller Veranstaltungskalender rund um Feste und Feiertage, Beach-Partys und Musik-Events in Hotels, Restaurants und Buchten. Mit Ausgehadressen und Tipps für Aktivitäten.

SEYCHELLEN-URLAUB.BLOGSPOT.COM
Reise-Blog mit umfangreichen Hintergrundinformationen zu den schönsten Fleckchen auf den Seychellen.

SEYCHELLEN-INSIDER
Facebook-Gruppe mit wertvollen Hinweisen zum aktuellen Geschehen auf den Seychellen.

SHORT.TRAVEL/SEY9
In diesem Video begleitest du einen Taucher vor La Digue in die bunte Unterwasserwelt – Haialarm inklusive.

TRAVEL PURSUIT

DAS MARCO POLO URLAUBSQUIZ

Weißt du, wie die Seychellen ticken? Teste hier dein Wissen über die kleinen Geheimnisse und Eigenheiten von Land und Leuten. Die Lösungen findest du in der Fußzeile. Und ganz ausführlich auf den S. 18–23.

❶ Wie heißen die Einwohner der Seychellen?
a) Seselwo
b) Seselwa
c) Seselwaner

❷ Der wichtigste Informationskanal der Seychellen ist …
a) die Zeitung
b) das Internet
c) die Buschtrommel

❸ Wie viele Inseln umfasst die Gruppe der Seychellen?
a) 115
b) 151
c) 511

❹ Die wichtigste soziale Bezugsperson ist für die Einheimischen der …
a) Granper (Großvater)
b) Zanmi (Kumpel)
c) Dalon (Herzensfreund)

❺ Auf den Seychellen sind die Frauen in vielen Wirtschaftsbereichen zumindest gleichberechtigt. In welchem Berufsfeld haben die Männer noch das Sagen?
a) bei der Polizei
b) im Fischfang und -handel
c) in der Schule

Lösungen: 1b, 2c, 3a, 4c, 5b, 6b, 7b, 8b, 9c, 10a

Noch immer eine Männerdomäne: die Fischerei

❻ Wer ist auf den Seychellen vor allem für das Kochen zuständig?

a) die Kinder
b) die Männer
c) die Frauen

❼ Welche Musik schallt sonntags meist aus den Lautsprecherboxen der Einheimischen?

a) die üblichen internationalen Chart-Hits
b) Sega, Rap und Reggae
c) afrikanische Trommelwirbel

❽ Wenn die Einheimischen am Strand grillen, benutzen sie dafür gern …

a) ein Lagerfeuer
b) ein aufgesägtes Ölfass
c) einen Profigrill

❾ Bei den Strandpartys der Einheimischen kommt die Musik meist aus …

a) dem Handy
b) von selbst gebastelten Musikinstrumenten
c) aus kühlschrankgroßen Lautsprecherboxen

❿ Wie lautet das Lebensmotto der Seychellen?

a) Relaxxx!
b) Be happy!
c) Don't worry!

REGISTER

LOB ODER KRITIK? WIR FREUEN UNS AUF DEINE NACHRICHT!

Trotz gründlicher Recherche schleichen sich manchmal Fehler ein. Wir hoffen, du hast Verständnis, dass der Verlag dafür keine Haftung übernehmen kann.

MARCO POLO Redaktion • MAIRDUMONT • Postfach 31 51
73751 Ostfildern • info@marcopolo.de

Impressum
Titelbild: Praslin, Anse Gouvernement (huber-images: R. Gerth)
Fotos: huber-images: C. Dörr (54/55, 64), R. Schmid (23, 38/39, 46/47, 49, 50/51, 60/61, 69, 71, 72, 105); Laif: R. Haidinger (Klappe vorne außen, Klappe vorne innen/1, Klappe hinten, 11, 14/15, 20, 28, 31, 52), T. Linkel (35, 109), Martin (113), G. Standl (19, 56, 74); Laif/hemis.fr: A. Brusini (2/3, 24/25, 43, 80, 83, 84/85, 89), J.-P. Degas (128/129); laif/Le Figaro Magazine: Fautre (90); Laif/Madame Figaro: Winkelmann (27 re.); Look/age fotostock (45, 111); Look/Minden Pictures (92/93); H. Mallad (131); mauritius images: U. Bernhart (26/27, 116/117), J. Warburton-Lee (8); mauritius images/Alamy: R. Noppel (12/13), Panther Media (30/31), A. Popov (10), S. Reboredo (58), STOCKFOLIO® (115); mauritius images/Alamy/Zoonar GmbH (6/7); mauritius images/ClickAlps (67); mauritius images/Minden Pictures (98); mauritius images/Radius Images (107); H. Mielke (32/33, 97); picture-alliance/Minden Pictures: W. Meinderts (76/77); picture-alliance/Panther Media (103); picture-alliance/robertharding: M. DeFreitas (119); shutterstock: J. Sturm (126/127), A. Tokarz (100/101); shutterstock/Lucky-photographer (9)

13., aktualisierte Auflage 2024

Autorin: Dr. Heike Mallad
Redaktion: Anja Lehner
Bildredaktion: Susanne Mack
Kartografie: © 2023 KOMPASS-Karten GmbH, A-6020 Innsbruck; MAIRDUMONT, D-73751 Ostfildern (S. 36–37, 102, 106, 110, 114, Umschlag außen); © 2023 KOMPASS-Karten GmbH, A-6020 Innsbruck; DuMont Reiseverlag, D-73751 Ostfildern (Faltkarte); © 2023 KOMPASS-Karten GmbH, kompass.de unter Verwendung von © OpenStreetMap Contributors, osm.org/copyright (S. 40–41, 42, 62–63, 78–79, 86–87, 94–95)
Als touristischer Verlag stellen wir bei den Karten nur den De-facto-Stand dar. Dieser kann von der völkerrechtlichen Lage abweichen und ist völlig wertungsfrei.
Gestaltung Cover, Umschlag und Faltkartencover: bilekjaeger_Kreativagentur mit Zukunftswerkstatt, Stuttgart; Gestaltung Innenlayout: Langenstein Communication GmbH, Ludwigsburg
Spickzettel: in Zusammenarbeit mit PONS Langenscheidt GmbH, Stuttgart
Texte hintere Umschlagklappe: Lucia Rojas
Konzept Coverlines: Jutta Metzler, bessere-texte.de

Printed in China

FSC www.fsc.org MIX Papier aus verantwortungsvollen Quellen FSC® C124385

MARCO POLO AUTORIN
HEIKE MALLAD
Geboren in Franken, aber inzwischen Teilzeit-Einheimische auf den Seychellen, wo sie – dank ihres Philologiestudiums – in der kreolischen Sprache genauso verwurzelt ist wie in den Bergen von Mahé. Hoch über der Westküste führt sie als Autorin und Food-Journalistin seit über 20 Jahren ein Leben mit Meer- bzw. Weitblick, der ihr dabei hilft, so manche (Kokos-)Nuss im Inselalltag zu knacken.

BLOSS NICHT!

FETTNÄPFCHEN UND REINFÄLLE VERMEIDEN

DIE REGENZEIT UNTERSCHÄTZEN

Oft heißt es: Regenzeit. Das kann bedeuten: ein, zwei heftige, aber kurze Schauer pro Tag. Kann, muss es aber nicht! In den Hauptmonaten der Regenzeit (Januar/Februar) ist die Wahrscheinlichkeit hoch, dass das Wetter auch mehrere Tage hintereinander nass und grau ist.

BADEVERBOTE MISSACHTEN

Rote Fahnen oder Schilder stehen nicht umsonst am Strand! Hier ist – auch wenn auf den ersten Blick alles ruhig erscheint – mit tückischen Strömungen und plötzlichen Wellen zu rechnen, die beim Baden lebensgefährlich sein können!

DIEBE ANLOCKEN

Die Seychellen sind ein recht sicheres Reiseziel, aber auch hier gilt: Gelegenheit macht Diebe, vor allem am Strand. Keine Wertsachen aufs Badehandtuch, keine Handys oder Kameras sichtbar im Auto liegen lassen, und die Terrassentüren in der Unterkunft nicht offen lassen, vor allem dann nicht, wenn ein fettes Portemonnaie gut sichtbar herumliegt …

SOUVENIRS VOM MEER MITNEHMEN

Ein absolutes No Go! Muscheln, Korallen, Sand & Co. gehören ins Meer bzw. an den Strand und nicht in den Koffer! Und bei der Rückkehr nach Hause gibt's beim Zoll richtig Ärger …

OHNE FAHRPRAXIS IN DEN LINKSVERKEHR

Klingt banal, aber die Straßen auf Mahé und Praslin sind eng, unübersichtlich und fallen oft steil an den Küsten ab. Leitplanken? Fehlanzeige! Vor allem Fahrten in der Nacht und an den Wochenenden haben es in sich. Kaum Beleuchtung und viel Verkehr, dazu der teilweise rustikale Fahrstil von Bussen und (mitunter angeheiterten) Autofahrern sind eine echte Belastung und fordern starke Nerven.